AF203164

TERESA ZUKIC

# Lebe, lache, liebe

## ... UND SAG DEN SORGEN GUTE NACHT!

BRUNNEN
Verlag GmbH · Giessen

Sr. Teresa Zukic ist Mitgründerin der „Kleinen Kommunität der Geschwister Jesu" und bekannt als „Schwester auf dem Skateboard" oder, was ihr lieber ist, als „die kleine Ordensschwester mit dem großen Herzen für Jesus und die Menschen".

Die ehemalige Leistungssportlerin ist vielfältig engagiert, u. a. als eine der Top-Keyspeakerinnen im deutschsprachigen Raum mit bis zu 200 Veranstaltungen im Jahr.

www.schwester-teresa.de

11. Auflage 2026

© 2019 Brunnen Verlag GmbH, Gießen
Die Nutzung von Bild-, Sprach- und Textdaten für sog. KI-Trainings und ähnliche Zwecke ist nur nach vorheriger schriftlicher Genehmigung erlaubt.

Brunnen Verlag GmbH
Gottlieb-Daimler-Str. 22, 35398 Gießen
info@brunnen-verlag.de • www.brunnen-verlag.de

Idee und Projektleitung: Petra Hahn-Lütjen
Umschlagfoto: pedesign.de/P. Eichler, Shutterstock
Umschlaggestaltung: Daniela Sprenger
Satz: DTP Brunnen
Druck und Bindung: FINIDR, s.r.o., Tschechien
ISBN Buch: 978-3-7655-0609-3
ISBN Ebook: 978-3-7655-7539-6

# Inhalt

Sei unbesorgt! *Von Fabian Vogt*    5

1. Hurra, eine Sorge!
Die Erlaubnis, sich einen ganzen Tag lang
zu sorgen und zu ärgern    7

2. Der ganze Kummer mit den Sorgen
Wenn Sorgen einem den Schlaf rauben    13

3. Sorgen „denkt" man
„Ich sorge mich"-Gedanken durchschauen    21

4. Die Bergpredigt macht Mut „Sorgt euch nicht"
Der Mutmachkick aus der Bibel    32

5. Vertrauen lernen
Den Sorgen in den Hintern treten    41

6. Vergebung befreit
Den Sorgen den Stachel nehmen    50

7. Lachfalten statt Sorgenfalten
Die beste Medizin – und ganz kostenlos!    63

8. Mutmachworte und -gedanken
... und plötzlich können Gedanken fliegen    74

9. Die letzte Sorge
Du bist mehr als das, was stirbt    87

10. Gut für sich „sorgen"
Lebe – lache – liebe dich frei!    100

Nervenkekse    114

Quellen    119

# Sei unbesorgt!

Schwester Teresa macht sich Sorgen um die Sorgen. Zum Glück. Denn die meisten Menschen sorgen sich viel zu viel. Wirklich: Manche Leute denken so oft an all das Unschöne, das ihnen zustoßen könnte, dass sie das Schöne, das ihnen tagtäglich widerfährt, gar nicht mehr richtig würdigen können. Schade eigentlich!

Höchste Zeit, sich mit dem leidigen Phänomen des Sorgens mal ein bisschen intensiver zu beschäftigen. Und da ist Schwester Teresa genau die Richtige. Eine fromme Tausendsassa, die mit beiden Beinen auf dem Boden steht und dabei den Blick immer fest in den Himmel gerichtet hält. Vor allem aber schafft sie es auf eindrückliche Weise, dass einem bei so einem Thema das Lachen nicht vergeht, sondern die Seele heiter und das Herz froh wird. Das will was heißen.

Auf amüsante Weise zeigt die Gründerin der „Kleinen Kommunität der Geschwister Jesu", wie Sorgen das Leben klein und den Horizont eng machen – und nimmt dabei auch die gesellschaftlichen Perspektiven nicht aus: Schließlich sind Sorgen immer ein Ausdruck von Angst. Und die führt ganz schnell zu Extremismus, Populismus und Radikalismus. Darum ist ein weiser Umgang mit der eigenen Skepsis nicht nur ein Ausdruck individueller Lebenskunst, sondern auch politisch relevant.

Der kluge Denker Konfuzius hat mal gesagt: „Ein edler Mensch ist jederzeit ruhig und gelassen, die anderen haben ständig Sorgen." Stimmt! Deshalb tut es so gut, aus dem

„Sorgen-Modus" in den „Lebens-Modus" umzuschalten und den Ängsten die rote Karte zu zeigen. Wie das funktioniert, können wir bei Schwester Teresa lernen, einer leidenschaftlichen Optimistin, die weiß, wovon sie spricht, wenn sie in diesem Buch konkrete Schritte in die Freiheit beschreibt.

Nebenbei: Als ich das erste Mal mit Schwester Teresa auf einer Bühne stehen sollte, machte sie gerade als „Skateboard fahrende Nonne" Furore. Und der Moderator hatte sich für die Eröffnung der Veranstaltung etwas ganz Tolles ausgedacht: Teresa sollte quer durch den Saal mit ihrem Board fahren, neben der Bühne elegant eine Kurve drehen und dann lässig mit dem Brett über der Schulter die Stufen hochsteigen. Grandios.

Die Musik setzte ein. Teresa heizte die Reihen entlang. Mit rasantem Tempo. Die Kurve kam. Und das Skateboard fuhr sie auch. Nur die Nonne … die raste ungebremst geradeaus weiter. Wirklich: Ich habe in meinem ganzen Leben nie wieder jemanden so schön „auf die Fresse fliegen sehen" wie Schwester Teresa. Und ich glaube: Sie hat sich auch wehgetan. Doch während alle im Saal den Atem anhielten, rappelte sie sich wieder auf, klopfte ihre Tracht ab – und kam über beide Ohren grinsend die Treppe hoch.

Seit diesem Tag weiß ich: Wenn jemand der Welt zeigen kann, wie man fröhlich und unbeschwert lebt, dann diese ungewöhnliche und abenteuerlustige Persönlichkeit mit den wunderbaren Lachfältchen. Deshalb können Sie dieses Buch auch ganz unbesorgt lesen.

*Herzlich*

*Fabian Vogt*

*Schriftsteller, Musiker, Kabarettist, Pfarrer*

# 1. Hurra, eine Sorge!

## *Die Erlaubnis, sich einen ganzen Tag lang zu sorgen und zu ärgern*

❤

Heute ist ein ganz besonderer Tag. Ich darf mir mal einen ganzen Tag so richtig schön Sorgen machen. Ohne schlechtes Gewissen. Das wird wunderbar: von morgens bis abends meinen Sorgen freien Raum lassen und mich mit Lust aufregen, ärgern, Angst haben und anderen auf die Nerven gehen! Ach, wird das schön!

Ich darf mich von Herzen erzürnen, empören, echauffieren, erregen, verdrießen. Mich und andere brüskieren, erbosen, ergrimmen. Darf so richtig geladen sein und mich knallhart selbst auf die Palme bringen. Großartig.

Ich darf die Geduld verlieren, einen dicken Hals kriegen, sauer und gereizt sein und mächtig viel Wut im Bauch haben … bis endlich Magen- und Bauchkrämpfe mir zusetzen. Ich darf mich einen ganzen lieben langen Tag lang hysterisch krankärgern. Der Blutdruck darf gefährlich steigen … und ich mich am Ende totärgern. Ich bin so frei.

Was für eine interessante Vorstellung: Ich darf meinen Sorgen mal so richtig schön frönen!

Schon vor dem Aufstehen kann ich ja befürchten, dass die Zahnpastatube nicht ordentlich zugeschraubt ist. Die Nachrichten über den Messenger ticken und ticken rein und die Ruhe ist bestimmt bald dahin – das wird heute kein Ende nehmen! Die Kaffeemaschine wird sicher wieder zicken und mich mindestens eine Viertelstunde in Beschlag nehmen, weil Kaffee und Wassertank aufzufüllen sind, die Abtropfschale voll ist und der Kaffeesatzbehälter geleert werden muss. Herrlich, ich darf mich darauf einstellen, dass bestimmt der Tank meines Autos wieder leer ist, und oh weia, sicher wird der Benzinpreis heute morgen weit höher sein als gestern! Natürlich wird kein Parkplatz vor meiner Lieblingsbäckerei frei sein und die Lieblingsbrötchen sind hundert Pro ausverkauft. Klasse. Den nächsten Termin schaff ich sicher nicht, schon allein wegen der vielen Baustellen, und sicher kommt die Straßenbahn genau in dem Moment, wenn ich an die Bahnschranke heranfahre. Wieso haben die nicht schon längst eine Unterführung gebaut?! Ganz zu schweigen von den „Sonntagsfahrern", über die ich mich heute ärgern werde. Und ganz abgesehen von all den Dränglern, den Blinkmuffeln, den Mittelspurbesetzern, den Rechtsüberholern und allen Ignoranten, die mich nicht einfädeln lassen! Ich weiß jetzt schon, wie viele liebenswerte, nichtsahnende „Schnecken" auf die linke Spur wechseln und dann kein Gas geben. Klar wissen sie nicht, dass ich hinter ihnen herfahre und sie heute so richtig beschimpfen und in Gedanken erwürgen darf.

Natürlich werde ich sie anschließend segnen. Und ihnen wünschen, dass sie bei nächster Gelegenheit geblitzt werden. Ach, tut das heute gut.

Aber nur kurz, da mich ja meine Sorgen ohne Anstrengung wieder einholen dürfen und ich den nächsten Krisenschauplatz in meinen Gedanken betreten darf.

Über was könnte ich mich denn weiter sorgen?

Ja, klar: mein Alter, mein Gewicht, dass ich zu wenig getrunken habe, das Wetter, die ungebügelte Wäsche, das verloren gehende Gepäck, diesen ignoranten Politiker da in den Schlagzeilen, den verspäteten Zug – und natürlich über das nächste Hotel, das meine Reservierung verschlampt hat! Oder ich werde mal wieder das letzte Zimmer am Ende des elenden Flures bekommen und mich spät in der Nacht hinschleppen müssen, statt wie bestellt das erste Zimmer am Aufzug zu bekommen. Sagenhaft.

Garantiert ist dann auch mein E-Mail-Konto wieder völlig überlastet und sicher hat die Hälfte der Buch-Besteller ihre Adresse nicht angegeben. Wow. Jetzt darf ich wer weiß wie vielen Leuten zurückschreiben und nach der Adresse fragen … in der Gewissheit, dass die meisten erst zahlen, wenn sie eine Mahnung von mir bekommen.

Ja, und schon lange wollte ich mich daran erinnern, wie wenig mich manche mögen, und natürlich sehe ich es ihnen an, was sie von mir denken. Ach, wie fröhlich geht's weiter mit dem Ärgern … und dabei hab ich erst einen halben Tag verbraucht!

Also habe ich noch jede Menge Zeit, mich über die Zukunft, die Politiker allgemein, unsere rausgekickte Mannschaft, die Flüchtlinge, diese unsägliche „Partei", die Milchpreise, Trump, Putin und Erdogan und – natürlich! – die nächste Steuererklärung zu sorgen.

Fein! Mir fällt sicher noch etwas ein, wenn ich aus dem Gottesdienst komme. Ja, hoffentlich ist da nicht wieder dieser junge Pfarrer dran, der im falschen Jahrhundert geboren zu sein scheint und mit seiner überkonservativen Art alle tüchtigen Mitarbeiter vergrault. Und, Hilfe!, bitte bloß kein Friedensgruß, wo alle rumhusten und ich noch nicht grippegeimpft bin. Sich in der Kirche sorgen? Oh ja, da fällt mir noch einiges ein. Der Streit um den Kommunionsempfang, der zu laute Sänger, der hinter mir steht, die viel zu lange ermüdende Predigt. Natürlich hab ich wieder vergessen, ein Geldopfer einzustecken, und der Kelch des Spendenkörbchens geht nicht unbemerkt an mir vorüber. Super. Schon wieder woanders in Gedanken. Guter Gott, langsam wird es wirklich anstrengend mit dem Ärgern!

Na ja, die größte Lebenssorge ist vielleicht eine Frage, die ich mir als Christin oft stelle, und zwar ob ich in den Himmel kommen werde – bei so viel Gejammer und den vielen „Sorgen-besetzten" Ausfällen an Lieblosigkeit!

Aber klasse, dafür bleibt nicht viel Zeit, denn mein Pensum an Sorgen-machen-dürfendem-Tagesprogramm ist noch nicht zu Ende.

Ich muss nur schnell den richtigen Ausgang finden, damit mich keiner für einen dringend nötigen Dienst anheuert. Zu spät. Falsche Tür. Wie schön. Doch wieder JA gesagt, obwohl der innere Nein-Schrei bis zum Nordpol zu hören gewesen sein muss.

Prima. Der günstigere Benzinpreis lächelt mir schadenfreudig zu, als ich auf dem Nachhauseweg vorbeifahre. Inzwischen sind so viele „Spätnachmittagsgrüße" auf Messenger eingetrudelt, dass ich echt dringende Dinge kaum finde. Und ich wurde zum zehnten Mal unerwünscht in die gleiche Facebook-Gruppe gesteckt. Sagenhaft. Die Milch brennt richtig schön an und läuft sprudelnd und gehässig über den Topfrand, was ich bis zum Bad riechen kann.

Mist. Ich meine natürlich erquickend! Ist ja mein Ärger-Tag.

Als ich zum Herd renne, läutet schon wieder das Telefon und ich rufe mehr als deutlich und genervt dem Werbestromanbieter in den Hörer, dass wir, nein, immer noch nicht wechseln wollen.

Yippieh – das wird mein „Sorgen-machen-und-mich-ärgern-Supertag"!

Wie gut, dass das Telefon dann gar nicht mehr stillsteht, und sicher komme ich heute zu gar nichts mehr. Die Post ist selbstverständlich beim Nachbarn gelandet und oh Schreck, die Hecke hätte schon vor Wochen gestutzt worden sein müssen. Was wird sich nur unser Vermieter denken?! Die Nachbarn? Die Müllabfuhr?

Gewiss habe ich diesen wichtigen Geburtstag diesen Monat vergessen. Ach nein, der ist ja erst morgen. Die nächste Videokatzennachricht zum Vorabend erreicht mich und die News, dass Ronaldo zu Juventus Turin wechselt. Hammer.

Und was koche ich heute Abend? Bestimmt fehlen Brot, Butter oder Eier. Irgendwas fehlt doch immer, oder?!

Klar, wenn ich mal zu Hause bin, finde ich wieder gar nichts an seinem Platz. Ständig fällt mir was runter, und wenn alles auf dem Tisch steht, fällt bestimmt jemandem ein, ganz schnell etwas erledigen zu müssen. Der Garten war noch nie in fünf Minuten gegossen ... Wann soll ich das noch schaffen?!

Na, dass die Spülmaschine nicht leer geräumt ist, ist da doch auch fantastisch zum Ärgern!

Und dann, am Ende des speziellen Ärger-Tages?

Da fällt mein Abendgebet viel länger aus als sonst. Ich überlege genau, was heute tatsächlich schiefgegangen ist – und wofür ich Gott alles danken kann. Tatsächlich sind nur ganz wenige meiner befürchteten Sorgen eingetroffen. Ich schaue verwundert ans Kreuz. Der Wecker klingelt.

Was für ein Albtraum.

Sorge mich den ganzen Tag
Oh, wie ich die Sorgen mag!

Ärgre mich und schimpfe laut.
Fahre gerne aus der Haut.

Selbstmitleid in jeder Stunde.
Gedanken machen gleiche Runde.

Stürze immer tiefer ab.
Alles schwarzsehen, nicht zu knapp.

Alles kann mir heut passieren.
Jedes Wort mich gar verwirren.

Steigere mich gerne rein.
– Muss das heute wirklich sein?

Oder war's doch nur ein Traum?
Bin heiter, stark, so wie ein Baum!

Gott ist bei mir, ER gibt Mut.
Was auch geschieht:
ER tut mir gut.

# 2. Der ganze Kummer mit den Sorgen

## Wenn Sorgen einem den Schlaf rauben

❋

Mussten Sie im ersten Kapitel schmunzeln? Kommt Ihnen die eine oder andere Sorge bekannt vor?

Eigentlich wollte ich mal so richtig übertreiben und das SichSorgen auf den Arm nehmen … und habe mich beim Aufzählen ertappt, wie ich mir über viele belanglose Dinge Sorgen mache und viel zu viele unnötige Gedanken.

„Oh weia, werden die Leserinnen und Leser verstehen, warum ich im ersten Kapitel so keck war?"

Natürlich passieren Dinge, dass die Milch überläuft oder mich jemand beim Autofahren nicht einfädeln lässt. Tatsächlich gibt es Tage, an denen ich das Gefühl habe, alles kommt zusammen oder „die ganze Welt" hat sich gegen mich verschworen. Wer kennt nicht solche Momente? Aber die Wahrheit ist: Wir grübeln zu viel über Dinge, die niemals eintreffen, oder machen uns Gedanken, die im Rückblick völlig sinnlos und unnötig waren.

Wir machen uns einfach zu viele Sorgen. Stopp!

Wir machen uns einfach zu viele unnötige Sorgen. Darum geht's. Und das Problem ist, dass uns das viel zu selten bewusst ist. Zu schnell wird aus einer Fliege nicht nur ein Elefant, sondern gleich eine Elefantenherde.

Neigen Sie auch dazu, sich zu viele unnötige Sorgen zu machen? Da sind Sie in guter Gesellschaft. Es ist ganz normal, sich Sorgen zu machen ... und sie zu unterdrücken funktioniert in den meisten Fällen überhaupt nicht. Es gibt kaum einen sinnloseren Satz, den Sie jemandem sagen können als: „Hör doch auf, dir Sorgen zu machen!".

Wir erhöhen und verschlimmern sogar damit die Stimmungslage des anderen. Dieser Rat ist eine Illusion, von der wir uns getrost verabschieden können. So ein Satz bringt den anderen keinen Schritt weiter.

Wenn ich besorgt bin, bin ich es. Und ganz ehrlich: Wer macht sich denn gerne Sorgen? Niemand tut das. Es kostet doch jede Menge Kraft und Lebensenergie. Wer träumt nicht von einem Sorgen-freien Leben? Einer Sorgen-freien Kindheit? Einem Sorgen-freien Arbeitsplatz? Einem Sorgen-freien Lebensabend?

Ich glaube, Sorgen gehören einfach zu unserem Leben dazu.

Frage ist, wie wir damit umgehen. Wovon ich überzeugt bin und was ich zeigen will: Kritisch wird es dann, wenn die Sorgen Macht über unser Denken und Fühlen gewinnen und uns seelisch lahmlegen. Wenn die Sorgen uns an unsere Grenzen bringen und uns übergroß erscheinen.

Schnell geraten wir in die Sorgenfalle, wenn wir uns mit anderen vergleichen. Oft hat es dann den Anschein, dass unser Leben viel problembeladener und sorgenvoller wäre als das der anderen. Nach so vielen Lebensjahren in der Seelsorge weiß ich allerdings, dass hinter praktisch jeder Haustüre, hinter jedem Gesicht, in jeder Familie, mag sie noch so perfekt und erfolgreich erscheinen, Sorgen stecken. Dass sich oftmals sogar ungeahnte Abgründe auftun. „Unter jedem Dach ein ‚Ach!'" Wüssten wir mehr von den Belastungen und Sorgen anderer, würden wir keineswegs tauschen wollen. Jeder trägt ein anderes Kreuz. Sein Kreuz. Sich mit anderen vergleichen kann oft neidische Gefühle in uns auslösen, aber es kann uns auch dankbar und bescheiden machen. Vor wie vielen Sorgen, Ängsten, Katastrophen und schlimmen Ereignissen sind wir auch bewahrt worden?

Nie vergesse ich eine Begebenheit aus meiner fast unbeschwerten Kindheit. Mein Vater war in Kroatien als Fußballspieler entdeckt worden, und so kamen wir nach Deutschland. Meine Eltern hatten uns Geschwister, nachdem wir gerade erst eingewandert waren, zum Kinderturnen angemeldet. Nach einigen Monaten im Kindergarten lernten wir rasch die deutsche Sprache. Um noch schneller Anschluss zu finden, war das Kinderturnen im hiesigen Sportverein eine schöne Gelegenheit; ich muss da sechs Jahre alt gewesen sein. Warum mein kleiner Bruder an einem Abend alleine zum Turnen gebracht wurde, weiß ich nicht mehr. Meine Mutter hatte ihn vor die Turnhalle gefahren und wollte ihn nach einer Stunde wieder abholen. Zum Abholen begleitete ich sie dann, und sie schickte mich in die Sporthalle, um nach meinem Bruder zu sehen. Ich konnte ihn nirgends entdecken. Als ich nachfragte, wo er wäre, hörte ich erstaunt, dass er heute gar nicht erschienen sei. Ich rannte die Treppe hinunter zu meiner Mutter … und nie werde ich den Schrecken in ihrem Gesichtsausdruck vergessen. Sie stieg aus dem Auto und rief nach meinem Bruder. Nichts. Lief in die Halle. Nichts. Wir suchten die Gegend um die Halle ab, wieder nichts. Wir fuhren den ganzen Weg im Schritttempo nach Hause. Er war nicht da. Wir fuhren wieder vor die Sporthalle. Inzwischen waren alle gegangen. Kein Licht brannte mehr. Es wurde dunkel. Mutter rief nach meinem Bruder. Kein Lebenszeichen. Niemand war da. Wo war er nur? Hier an der Treppe hatte meine Mutter ihn abgesetzt. Sie hatte gewartet, bis er die Treppen zum Eingang hinaufgestiegen war, bevor sie wegfuhr. Wieder riefen wir. Ich stand neben meiner Mutter und spürte, wie die Panik in mir hochstieg, während sie versuchte, besonnen zu bleiben. Immer war sie so stark oder wollte mir ihre Angst nicht zeigen. Doch ich fing an, aus Angst zu weinen. Was ist vor der Hallentür passiert? Wieso hatte ihn keiner gesehen? Wo war er hingegangen? Er fürchtete sich doch alleine. Immer war ich an seiner Seite. Immer hielt ich seine Hand. Als wir zum ersten Mal in einem fremden Land den Kindergarten betraten. Die Sprache nicht verstanden. Er wich keinen Meter von mir. Ich begleitete ihn auf die Toilette, führte ihn über die Straße. Auch wenn er mich manchmal zu Hause ärgerte und mir auf die Nerven ging, liebte ich ihn über alles. „Jetzt wehr dich doch", sagte meine Mutter oft, wenn er es manchmal mit seinen Streichen übertrieb. Aber ich konnte es nicht. Er war mein kleiner Bruder. Ich hatte die Verantwortung für ihn, wenn die Eltern nicht da waren. Er war doch so klein. Noch einmal rief meine Mutter nach ihm. Dieses Mal klang ihr Ruf angespannter, und mir schoss durch den Kopf, vielleicht müssen wir zur Polizei, aber da hörten wir plötzlich unter der Treppe im Gebüsch ein Wimmern. Mein Brüderchen! Mein Gott, wir weinten alle drei. Wir weinten und lachten. In einem Moment war aller Kummer, waren alle Sorgen, alle Ohnmacht gewichen. Sofort erzählte der Kleine, dass er beim Betreten der Sporthalle bemerkt hatte, dass er das Heftchen vom Turnverein vergessen hatte, wo die Kinder immer einen Stempel bekamen, dass man anwesend war. Der war wichtig: Wenn man genügend Stempel beisammenhatte, konnte man eine Freikarte für das Freibad bekommen. Mein Bruder hatte einfach Angst, er könnte wegen des fehlenden Büchleins geschimpft werden. Er machte kehrt und versteckte sich unter der Treppe im Gebüsch. Wie lange muss eine Stunde für einen Fünfjährigen sein? Er war einfach eingeschlafen. Meine Güte, was hatten wir nur wegen des blöden Stempels für eine Angst ausgestanden!

Minute für Minute wuchs die Sorge, dass ihm etwas zugestoßen sein könnte. Auch wenn keiner es aussprach, die Angst beherrschte unser Denken und Fühlen. Wie schwer, dann klar zu denken. Damals gab es noch keine Handys. Wir konnten nicht schnell mal die Trainerin, den Hallenwart, Freunde oder die Polizei anrufen. Jede Mutter, die ihr Kind schon mal im Einkaufszentrum oder am Strand aus den Augen verloren hat, weiß um die unbändige Panik, von der man ergriffen wird, wenn sich die Situation nicht bald auflöst.

Im Film „Sarahs Schlüssel", den ich vor Kurzem sah, kamen bei mir alle diese ängstlichen Gefühle wieder hoch. Er erzählt die Geschichte der zehnjährigen Sarah, die in Paris im Juli 1942 mit ihren Eltern in der Nacht von der französischen Polizei zur Deportation abgeholt und mit Tausenden anderen Juden im Velodrom zusammengepfercht wird. Schnell schließt sie zu Hause ihren kleinen Bruder hinter einer Tapetentür ein, um ihn zu retten. Sie nimmt den Schlüssel mit, ohne zu ahnen, welche Katastrophe naht. Mit jeder Stunde, die vergeht, wächst die Panik in der kleinen Familie. Sie beschwören sogar die Polizisten, die sie festhalten, den Schlüssel zu nehmen, um ihren Bruder aus der Wohnung zu holen. Aber wer interessierte sich damals für einen kleinen Judenjungen in einem geheimen Schrank? Die Familie wurde auf die Ladefläche eines LKWs verfrachtet und die Eltern werden nach Auschwitz deportiert. Sarah, die mit ihrer Freundin Rachel entkommen kann, findet Aufnahme auf dem Land, bei einem alten Ehepaar, das sie wie eine Enkelin aufzieht. Mit der Hilfe der beiden kann Sarah, die den Schlüssel zum Wandschrank immer bei sich trägt, nach Paris in die elterliche Wohnung zurück, um ihren Bruder aus dem Versteck zu holen. Sarah macht die grausige Entdeckung, dass Michèl in seinem Versteck gestorben ist. Sie gibt sich die Schuld dafür und ist zeitlebens in tiefer Trauer gefangen. Fremde Menschen waren schon in die

Wohnung eingezogen und wunderten sich über den schrecklichen Gestank. Eine Journalistin, die für einen Artikel die damalige Razzia und ihre furchtbaren Folgen recherchiert, stößt bei dieser Arbeit auf das Schicksal dieser jüdischen Familie, die aus der Wohnung vertrieben wurde, die seit Jahrzehnten der Familie ihres zukünftigen Mannes gehört und in die sie nach ihrer Hochzeit einziehen will.

Der Film beginnt und endet mit zwei bewegenden Sätzen: „Manchmal können wir unsere eigenen Geschichten nicht erzählen, aber wenn man eine Geschichte nie erzählt, wird sie irgendwann vergessen ... Sie verwandelt sich in die Erinnerung an das, was wir waren, und in die Hoffnung auf das, was wir sein können."

Ja, es gibt unfassliche Sorgen und Schicksale! Sich um einen Menschen, den man ohne Maßen liebt, sorgen zu müssen, weil er vermisst wird oder schwer erkrankt, beschuldigt wird oder in Gefahr ist, kann einem das Herz zerreißen. Schnell malt man sich die furchtbarsten Szenarien aus und die Spirale negativer Gedanken kreist unaufhörlich. Ich neigte früher auch dazu, mir sofort das Schlimmste auszumalen. Ich muss sagen, auch wenn ich eine Kämpfernatur bin, habe ich manchmal nah „am Wasser gebaut", aber ich schäme mich für keine Träne. So bin ich. Als tapferer Feigling kann ich inzwischen vieles tragen und ertragen. Auch als Ordensschwester in der Öffentlichkeit blieb mir nichts erspart. Natürlich habe ich auch manche kleinen und großen Sorgen, aber mehr noch sorge ich mich um andere. Auf meinen vielen Vortragstouren durch die deutschsprachigen Länder bin ich viel im Gespräch mit den Menschen, und sie vertrauen mir ihre tiefsten Probleme und Nöte an. Täglich bitten mich Menschen um das Gebet, ob über Facebook oder meine App. Freunde erreichen mich per Mail oder WhatsApp. Gern habe ich ein offenes Ohr, wenn es um echte Nöte geht. Es hat sich herumgesprochen, dass das Gebet nicht umsonst ist, und so trage ich jede einzelne Bitte zu Gott. Bin „Sorgenträger" oder „Lastträger", darf Trösterin und Mitbeterin für viele Menschen sein und empfinde es als eine ganz besondere Ehre. Wie glücklich bin ich, wenn ich anderen Mut machen kann, Gebete durch unseren liebenden Vater im Himmel erhört werden oder Menschen Befreiung erleben.

Ich wünsche Ihnen, dass Sie immer wieder Ihre Sorgen für einen Moment vergessen können oder, besser noch, befreiter damit umgehen lernen. Dass Sie wie ich täglich daran arbeiten, zwischen notwendigen und unnötigen Sorgen zu unterscheiden. Ich wünsche Ihnen, dass Sie nicht alleine bleiben in Ihrem Kummer und in der Angst, die sich in unsere Körper und Seele schleichen will.

Niemand möchte in Angst leben. Keiner will einen Menschen verlieren. Und wer will schon krank sein oder sterben? Ja, es gibt Sorgen, die uns schrecklich quälen. Es gibt angstbesetzte Momente. Es gibt unaussprechliches Leid. Es gibt schlaflose Nächte.

Füreinander da zu sein und auf den zu verweisen, der uns tieferen Trost, echte Hilfe, lebensspendende Heilung und bedingungslose Liebe schenken kann, dazu soll dieses Buch beitragen, dafür lebe ich. Es gibt auch für Sie einen Retter; der, der uns versprochen hat, uns nie zu verlassen, bis ans Ende der Welt. Für mich die beste Nachricht der Welt!

Manche Sorgen
übersteigen unsere Kräfte.
Sprengen alle Vorstellungskraft.
Übertreffen menschliches Vermögen.
Dann, wenn wir ohnmächtig sind.
Gefährdet.
Verzweifelt.
Nur noch zu dir, Jesus, schreien können
oder stumm aller Worte sind.
Dann bist du da.
Neigst dich uns zu.
Willst, dass wir loslassen.
Die Sorgen abgeben.
Mutest uns zu zu springen.
Um dann
das Wunder deiner
rettenden Hand zu spüren.

# 3. Sorgen „denkt" man

*„Ich sorge mich"-Gedanken durchschauen*

♥

Wie gerne habe ich als Kind „Mensch ärgere dich nicht" gespielt! Wie interessant war es zu erleben, wer von meinen Mitspielern das gerade nicht konnte: sich nicht ärgern!

„Es ist doch nur ein Spiel", beschwichtigte meine Mutter. Tja, wenn man gewann, schon! Aber wenn man immer wieder rausgeschmissen wurde? Zum Glück konnte ich verlieren, ohne ein Drama daraus zu machen. Aber es gab da auch Mitspieler, mit denen ich bald gar nicht mehr spielen wollte. Sie ärgerten sich grundsätzlich, milde ausgedrückt, und irgendwann flogen die Steine durch die Gegend, wenn sie nicht gewannen. Wie kann man sich nur über so was ärgern? Vor allem so reinsteigern? Es ist doch nur ein Spiel.

Dagegen ist das Leben ernst. Manchmal todernst.

Eine liebe Freundin und Mitarbeiterin war letztens zur Anprobe da. Die nächste Staffel unserer Kinder-Abenteuerland-Gottesdienste wird sie als „Römerin" moderieren – da geht es nämlich um Paulus und seine Reisen. Die Gute ist eine begnadete Darstellerin und meine Assistentin. Bei der letzten Staffel waren wir in den Katechesen als „Sherlock Holmes und Mr. Watson" aufgetreten. Sie spielt nicht nur grandios ihre Rollen, sondern ist auch eine begnadete Sängerin und Gesangslehrerin. Für meinen Fernsehauftritt in der Sendung „Immer wieder sonntags" bei Stefan Mross half sie mir mit einigen Gesangsstunden, mich nicht ganz zu blamieren. Auch wenn ich schon viele TV-Auftritte hatte – einen Schlager vor einem Millionenpublikum hatte ich noch nie gesungen. Aber was tue ich nicht alles für einen guten Zweck! Meine Gage konnte ich für ein wunderbares Projekt unserer Gemeinde in Indien spenden. Ich profitierte also von ihrer Erfahrung, und wir hatten eine Menge Spaß beim Proben. In den Pausen tauschten wir uns aus. Da erzählte sie mir unter anderem, dass ihr wahrscheinlich eine große Operation an den Stimmbändern bevorstehe. Es musste ein Knoten untersucht werden, der dort plötzlich aufgetaucht war. Ihre Stimme wurde unsicher, als sie davon berichtete. Ich sah ihr an, wie viele Sorgen sie sich machte. „Gott wird mir doch nicht diese Gabe geschenkt haben und mir dann die Stimme nehmen?"

Ich konnte ihre Angst verstehen und versprach, für sie zu beten. Fast ein Jahr war vergangen. Da wir uns länger nicht gesehen hatten, erkundigte ich mich nach den Stimmbändern … und da erzählte sie mir freudestrahlend, dass alles in Ordnung war. Der Befund war gutartig, und es bedurfte keines Eingriffs. Wie freute ich mich mit ihr und ich dankte Gott. Dann erzählte sie mir, wie es ihr nach der ersten Diagnose „ein Knoten" ergangen war. Natürlich stand sie erst einmal unter Schock. Als sie am nächsten Tag singen sollte, bekam sie keinen Ton heraus. In den kommenden Monaten klagte sie bei ihrem Mann, dass sie das Gefühl habe, keine Luft zu bekommen, als ob der Knoten weiterwachsen würde. Wie viele sorgenvolle Gedanken in all dieser Zeit! Und dann, als endlich die große Untersuchung kam und sie erfuhr, dass alles gut war, waren alle Schluckbeschwerden verschwunden.

Angst ist das gemeinste und mieseste Gefühl, das in uns alles verdunkelt und, wie in diesem Fall, fast ersticken lässt. Angst soll uns eigentlich helfen, in gefährlichen Situationen schnell zu reagieren. Aber meistens löst sie Schrecken aus, macht uns klein und kostet unbändige Kraft. Bei Angst weiten sich unsere Pupillen, die Muskeln spannen sich zusammen, die Herzfrequenz erhöht sich und wir schwitzen, zittern oder uns wird übel oder schwindelig. Ob die Bedrohung dabei real ist oder nur „gedacht", spielt keine Rolle, die körperliche Reaktion ist die gleiche. Wussten Sie das?

Angstgefühle alarmieren uns, dass wir in Gefahr sind. Aber nicht immer können wir uns auf unser „Bauchgefühl" verlassen. In Stresssituationen kommt unsere Gefühlswelt ziemlich durcheinander. Wenn also, wie Fachleute meinen, uns maximal zehn (!) Prozent äußere Einflüsse in Aufruhr bringen, dann beruhen die restlichen sage und schreibe neunzig (!) Prozent aller Angst- und Stressgefühle auf unseren eigenen Gedanken und Befürchtungen.

Ich staune über diese Zahl: neunzig Prozent. Und ich verstehe:

## *Gefühle sind die Folge unserer Gedanken.*

Und negative Gedanken führen zu negativen Gefühlen. Es genügt ein kleiner Auslöser oder Situation. Vielleicht ein böser Blick … und sofort geht die Maschinerie in unserem Kopf los. „Was hat sie gegen mich?", „War sie nicht schon die ganze Woche so komisch?". Eine Negativ-Denk-Spirale wird in Bewegung gesetzt. Das Denken von zwei so kleinen Sätzen genügt, um in uns ein mulmiges oder negatives Gefühl auszulösen. Und wir werden ständig von unseren Gedankenmustern, manchen Konditionierungen oder Glaubenssätzen gesteuert. Zum Beispiel von dem Gedanken: „Was werden die anderen denken?".

Ich bin überzeugt: Meistens denken die anderen etwas ganz anderes, als wir denken. Vielleicht ziehen die anderen so ein komisches Gesicht, weil wir selbst so komisch schauen? Oder im schlimmsten Falle haben sie selber ihre eigenen Probleme oder Ängste. Viele von uns kennen das: Wir haben Angst gelernt und definieren uns über unsere Defizite. Es ist erschreckend, wie oft wir negativ mit uns selber sprechen! Wie leicht konzentrieren wir uns auf das, was nicht perfekt ist, und sind schnell von uns selbst enttäuscht. Niemand hört das gerne, aber wir sind Weltmeister im negativen Denken. Wir alleine. Den ganzen Tag produzieren wir Gedanken, die uns beunruhigen, enttäuschen oder beängstigen. Oft haben wir unrealistische und überhöhte Erwartungen an uns selbst und an die anderen und wundern uns, wenn sie nicht mitspielen wollen.

Ich musste vierundfünfzig Jahre alt werden, um zu erkennen: Sorgen „denkt" man. Gefühle werden in der Hauptsache durch unsere eigenen Gedanken produziert. Und Gedanken haben Macht über uns, wenn wir ihnen diese Macht geben. Leider tun wir das sehr oft unbewusst.

Natürlich „haben" wir viele Gedanken, wenn uns etwas bedrückt, aber oft „verzieren" wir sie noch mit angstbesetzten Befürchtungen.

Solche Sorgengedanken kommen meistens ganz plötzlich hoch, und sehr gerne und verstärkt in der Nacht. Wenn die Gedankenspirale uns wach hält. Gerne empfehle ich, wenn so eine nächtliche Sorgen- oder Angstattacke kommt, sich an die Bettkante zu setzen und mit der Angst Tacheles reden: „Komm mal her! Womit bedrohst du mich eigentlich? Was ist das Schlimmste, was mir passieren kann?"

Schnell merken wir, dass da kein Sorgenmonster vor uns steht. Die Sorge ist in meinem Kopf!

Durch den negativen Gedankenlärm überhören wir andererseits etwas ganz Wichtiges. Durch die Sorgengedanken überhören wir so leicht eine zärtliche Stimme, die es gut mit uns meint und freundlich zu uns spricht. Weil sie unaufdringlich ist, bemerken wir sie oft nicht so schnell. Sie ist die liebenswürdigste und großartigste Freundin unserer Seele. Sie kann durch unser Bewusstsein in unser Unterbewusstsein hineinkrabbeln. Sie liebt es, „Stopp!" zu sagen: „Genug der schlimmen Gedanken! Genug aller Bedrohungen! Genug aller Sorgen!" Diese Stimme gehört der einen aufbauenden, heilenden Emotion, die uns verwandeln kann. Unser Körper kennt sie und unsere Seele auch. Sie bringt Licht in die Finsternis, befreit von Schuldgefühlen, öffnet ausgetrocknete Tränenkammern, löst Verzweiflung und Trauer. Sie ist eine Liebhaberin unseres Lebens und freut sich über jede neue Mut machende und aufbrechende Frischluft aus dem betonierten Kreislauf negativen Nachdenkens. Sie liebt es, zu verändern und zu verwandeln. Sie überwindet jedes Hassgefühl, führt uns aus Neid und Grobheit heraus. Sie ist hilfreich und gütig. Sie ereifert sich nicht und trägt das Böse nicht nach. Sie ahnen schon: Ich spreche von der Liebe.

Die köstliche und lebensspendende Liebe, aus der wir geboren sind. Wir tragen sie in uns, und sie spricht zu uns. Sie ist mutig und stark und reich und wunderbar. Unsere Befreiung beginnt mit unserem nächsten Gedanken – wenn wir ihn zulassen. Mit einem Gedanken, der nicht auf der Erde zu finden war, bis die menschgewordene Liebe Gottes ihn in unsere Dunkelheit gebracht hat. Ich spreche von der Liebe Gottes, die ausgegossen ist in unserem Herzen, wie Paulus es so wundervoll formuliert.

Wir sind nicht unsere Gedanken. Wir sind bedingungslos geliebte Kinder. Die Liebe selbst liebt uns. Gott liebt uns, denn Gott ist die Liebe. Ebendarum hat er seinen Sohn gesandt, der diese Liebe vorgelebt und verkündet und uns die neue Hoffnung gebracht hat, dass wir nie alleine sind mit unseren Sorgen.

Deshalb starb er den bittersten und brutalsten Tod, um in alle Tiefen, alle Schmerzen, alle menschlichen Abgründe hinabzutauchen und dort gegenwärtig zu sein. Ja, wir machen uns viele Gedanken um unsere Probleme und Sorgen, und doch sind wir viel wichtiger als alles, was uns bedrängen will. Nicht immer bekommen wir sofort Hilfe, manches muss durchgestanden und ertragen werden.

Natürlich können wir unser Gehirn nicht ausschalten, wir können uns nicht verbieten zu denken – aber wir können uns von Gottes mächtigerer Kraft und seinen Gedanken beeinflussen lassen. Von seinen liebenden Gedanken. Von seiner Liebe selbst.

Das ist so wichtig zu wissen: Die Gedanken, die wir uns machen, stimmen oft nicht mit der Realität überein. Sie sind mitunter beschämend lächerlich und kleingläubig und schäbig und völlig aus der Luft gegriffen. Das Leben ist real. Gedanken sind es oft nicht.

Der Satz „die Gedanken sind frei" ist da ein zweifelhafter Satz. Wir dürfen freilich denken, was wir wollen. Aber nicht alles, was wir denken, tut uns gut. Dazu kommt: Wir werden ständig beeinflusst. Und so oft negativ: Überall wird kritisiert und schlechtgemacht und negative Nachrichten erreichen uns stündlich. Natürlich macht das etwas mit uns! Wir sind umgeben von negativen Beispielen und Angstmacherei.

Oft reicht es mir mit den vielen negativen Nachrichten, aber da ist kein Ende in Sicht. Ich bin entsetzt: Menschen schreien auf der Straße, dass andere Menschen doch „absaufen" sollen. Drohungen, Beleidigungen und Respektlosigkeit scheinen „üblicher" zu werden. Es gibt aufkeimenden Antisemitismus. Eine Resignation und Politikverdrossenheit hat um sich gegriffen. Ja, wir haben Grund genug, uns Sorgen zu machen. Aber hilft es da, den Kopf noch weiter mit Negativem zu füttern?!

Gerne möchte ich in die Welt hinausrufen: Vergesst das Positive nicht! Lasst euch nicht runterziehen und beeinflussen! Hört das ständige Jammern auf, dass alles schlechter würde. Prüft die Fakten. Seht das Gute. Tut das Gute. Und: Prüft eure Gedanken. Vor allem uns Christen möchte ich das zurufen. Denn von uns erwarte ich ein Umdenken, ein Andersdenken, ein Freidenken. Wir brauchen gesunde, Mut machende, positive und heilende Gedanken, mit denen wir die Welt „gesund-infizieren" können. Nicht ständig schwarz-weiß denken, sondern verliebt, bunt und prächtig und gigantisch herrlich!

Schaut euch doch in der Natur um! Wie herrlich bunt Gott doch alles geschaffen hat. Ja, ja, schon der nächste Runterzieher: Und wie wird die Natur zerstört? – Stopp.

Nicht auf andere schauen! Was tust du persönlich für die Natur? Fang bei dir an. Sei dir bewusst: Ich kann etwas verändern! Deshalb versuche ich jeden der 365 Tage im Jahr auf meinen Facebook-Seiten und meiner App, in meinen Vorträgen und Veranstaltungen ermutigende und positive Impulse zu geben. Ich werde nicht müde, ins Auto zu steigen und die Lust am Leben, die Freude an Menschen, die Liebe zu verbreiten.

Womit füttern wir unsere Gedanken – und damit unsere Seelen? Von welchem Gedankengut lassen wir uns anstecken? Welchen Klatschgeschichten laufen wir nach? Von welchem Gedanken lassen wir uns runterziehen?

Wir leben in beunruhigenden Zeiten. Ohne Frage. Es stürmt von allen Seiten auf uns ein und manche Meinungswellen drohen uns mitzureißen. Mit Angstparolen werden Hurrikans losgelassen und wirbeln uns ziemlich umher. So viel Misstrauen in die Politik, so viel Egoismus, so viele ungut geführte Flüchtlingsdebatten! Oft habe ich das Bild vor Augen, wie Jesus mit seinen Jüngern am meerähnlichen See Genezareth ans andere Ufer hinüberfährt (Mk 4,35-41). Während ein heftiger Wirbelsturm sich erhebt und die Wellen bedrohlich ans Boot schlagen, schlummert Jesus wie ein Baby seelenruhig auf dem Kissen. Er muss ja todmüde gewesen sein, dass sie ihn erst wecken müssen. Unglaublich, dass er bei solchen tobenden Wellen überhaupt schlafen kann. Fast vorwurfsvoll und panisch klingen ihre Rufe: „Meister, kümmert es dich nicht, dass wir zugrunde gehen?" Er aber steht auf, droht dem Wind und sagt zu dem See: Schweig still! Und der Wind legt sich und es tritt völlige Stille ein. – Klasse. Das brachte und bringt nur der Meister fertig. Das Gesicht der Jünger hätte ich gerne gesehen. Eben noch in Todesangst und nun stehen sie da wie begossene Pudel und müssen sich eine der verrücktesten Fragen und den Vorwurf gefallen lassen. „Warum habt ihr solche Angst? Habt ihr noch keinen Glauben?"

Tja, warum hatten sie Angst? Warum haben Menschen Angst, angesichts des tobenden Sturmes, angesichts von Wasser im Boot und der kleinen Bedrohung, zu kentern und zu ertrinken?

Ist sie nicht verrückt, diese Spezies Mensch?

Was ist denn das Schlimmste, das passieren kann? Das „Schlimmste" ist doch, dass wir sterben und dann zum himmlischen Vater kommen.

„Aber bitte nicht heute. Nicht jetzt. Nicht so!"

War Jesus enttäuscht über den Kleinglauben seiner Jünger? Sollte der Glaube an ihn nicht stärker sein als alle Stürme und Wellen und sogar der Tod?

Ich liebe diese Bibelstelle vom „Sturm auf dem See" und machte sie deswegen zum Thema eines Musicals zu einer Zeit, als ich in einem sozialen Brennpunkt in Hanau gearbeitet hatte. Das Musicalschreiben halte ich für eine Gabe vom lieben Gott, für die ich ihm sehr dankbar bin. In kürzester Zeit konnte ich die Texte schreiben, Lieder und Musik komponieren, eine Band auf die Beine stellen und Jung und Alt in meiner Gemeinde motivieren, mit der quirligen Schwester ein musikalisches Projekt zu wagen. Damals machten neben dem Ensemble, das aus fünfzig Kindern, Jugendlichen und Erwachsenen bestand, noch zusätzlich über hundert Kinder aus unserem Kindergarten mit. Es war herrlich. Im Zentrum des Musicals stand damals genau diese Frage im Raum: „Warum schläft Jesus?"

In verschiedenen Szenen griffen wir die „Sorgen" auf, die wir in unserer Kirche und Welt sahen. Angesichts von so viel Drangsal, Stürmen und Ängsten, denen wir Menschen in der Welt ausgesetzt sind. Warum haben so viele Menschen den Eindruck, dass selbst „Gott" manchmal zu schlafen scheint? Während die Jünger um Leben und Tod ringen, schläft Jesus. So vielen Menschen steht das Wasser bis zum Hals und es naht keine sichtbare Hilfe? Verschläft Gott unsere Sorgen?

Eine provozierende Frage, damals wie heute, die ich sehr gut verstehen kann. Da kommen wir Erwachsenen ins Grübeln. Unsere Kinder dagegen haben sehr schnell etwas Wesentliches verstanden. Unvergessen, wie ein 5-jähriger Junge in einer Szene den Erwachsenen mal gehörig wegen der „Umweltverschmutzung" ins Gewissen redete. „Die Erwachsenen werfen den Müll in die Seen und Meere. Gott kann da gar nichts dafür, nicht er verschmutzt unsere Welt!" Für vieles, was der Mensch verursacht und zerstört und sagt und tut, kann man niemand anderen verantwortlich machen. Gott soll nur immer alles ausbaden, wenn es keine Hoffnung mehr gibt. Aber wissen Sie was? ER liebt es, das zu tun. Uns beizustehen. Nicht immer so, wie wir es erwarten, und sofort und am besten vorgestern. Wir müssen uns erst mal anstecken lassen von seinen Gedanken, seinen Heiligen Geist bitten, ihn in unser Denken lassen. Fragen, was er will.

Das Musical hieß „Ansteckungsgefahr Gott". Es ging um den positiven Aufbruch einer Gemeinde, im Glauben und Vertrauen.

„Gott geh uns unter die Haut.
Da steckt uns einer an
mit seinem Wort und seinem Lied,
mit dem, der ist und bleiben wird.
Angesteckt sein spricht sich rum.
Da steckt etwas im Raum,
in meinem Herzen und in meinem Lebenssinn."

Während Jesus den Sturm stilllegt, schüttelt er uns mit seiner Frage nach unserem Kleinglauben durch. Statt ihm restlos zu vertrauen und uns seiner Liebe hinzugeben, fordern wir, dass Gott etwas sagen oder handeln müsste. Genügt es nicht zu wissen, dass er in unserem Sorgenboot dabei ist? Ob er schlafend, singend oder tanzend bei uns ist – er ist da! Er verlässt uns nicht. Wir werden nie seiner Gegenwart beraubt sein. Warum machen wir uns Sorgen, dass er schläft oder schlafen könnte, wenn wir in Schwierigkeiten stecken? Warum glauben wir nicht, dass er uns niemals untergehen lässt? Warum unterstellen wir ihm immer das Schlimmste? Wenn ich jemanden liebe, glaube ich ihm. Ich vertraue ihm. Ich höre nicht auf zu vertrauen, sondern ich vertraue, erlebe Gutes und fange an, Angst zu verlernen!

Ich achte auf meine Gedanken. Ich konzentriere mich auf ihn selbst: auf Gott. Auf Jesus. Auf das, was er sagt – und kämpfe nicht gegen meine Sorgen an. Ich ändere meinen Fokus: Ich höre auf, die tobende Angst anzustarren, ich fange gewissermaßen an, meine Gedanken auf das Kissen neben Jesu Kopf zu legen und ihm zuzuflüstern: „Jetzt bist du dran."

Ich denke.
Ich habe Sorgen.
Ich mache mir Sorgen.
Ich denke unaufhörlich an meine Sorgen.

Ich halte inne.
Ich atme durch.
Ich lasse los.
Ich denke, es wäre gut loszulassen.

Ich vertraue.
Ich glaube.
Ich denke: „Du bist da."
Ich glaube an den Gedanken, dass du da bist.

Gibt es einen besseren Gedanken?

# 4. Die Bergpredigt macht Mut: „Sorgt euch nicht"

## Der Mutmachkick aus der Bibel

Oh, wie ich die Bergpredigt liebe! Ohne sie würde es dieses Buch nicht geben, keine „Kleine Kommunität" und keine Schwester Teresa. Geplant war eigentlich, meine Sportkarriere auszubauen und so schnell es geht das Abitur zu schaffen. Das war der Grund, warum ich als Siebzehnjährige auf ein Sportinternat ging und meine Eltern dafür teuer bezahlten. Ich wollte, nachdem ich vom Kunstturnen in die Leichtathletik gewechselt war, vorankommen. Als Badische Meisterin im Fünfkampf wurde ich sofort aufgenommen. Meine Tage bestanden aus Training, Schule, Hausaufgaben, Training, Wettkämpfen, Training. Nebenbei spielte ich auch Basketball in der Schulmannschaft. Immer mit dem Ziel vor Augen, eine erfolgreiche Leichtathletin zu werden. Niemand hätte ahnen können, dass ausgerechnet in einem Sportinternat mein Leben völlig auf den Kopf gestellt wurde. Nie werde ich müde, dieses Erlebnis zu schildern, auch wenn es schon fünfunddreißig Jahre her ist – ist es die Visitenkarte meines Abenteuers mit Gott, den ich nie gesucht hatte. Er hatte Lust, mich zu finden.

Ingrid, meine Mitbewohnerin, wollte ein paar Bücher aussortieren und legte sie in mein Zimmer. Mitten in der Nacht wachte ich auf und konnte nicht wieder einschlafen. Es gab keinen ersichtlichen Grund für meine Schlaflosigkeit. Nicht mal meine Musik half. Da sah ich den Stapel Bücher und ich griff zum erstbesten Buch, das da lag. Es war „Die Bibel". Ich hatte noch nie in eine Bibel geschaut. Hatte nie Religionsunterricht. War nicht getauft. Ich schlug spontan eine Seite auf: „Bergpredigt". Was ist das denn? Ich fing an zu lesen und beim Satz „Selig die ein reines Herz haben, denn sie werden Gott schauen" passierte es. Für den Bruchteil einer Sekunde überlegte ich mir, was diese Verheißung bedeuten könnte, und ich wurde existenziell berührt. Es war wie das Aufblitzen eines Gedankens. Ich wurde mit einer Wucht getroffen und spürte eine Gegenwart, die nur Liebe war, und wurde von einem „Angenommensein" ergriffen, das ich vorher noch nie erlebt hatte. Als ob die Zeit für einen Augenblick stillstand – ich nahm nur zärtlichen Frieden und Ruhe wahr. Ewas setzte mich frei, als wäre jeglicher Ballast von mir abgefallen, obwohl ich mich noch nie unfrei gefühlt hatte, und ich verstand plötzlich mehr, als ich wissen konnte. Es war, als erfolgte ein Austausch meiner Gedanken, der ununterbrochen Gänsehaut bei mir auslöste. Ich spürte eine Ermutigung, eine Zustimmung, ein Geliebtwerden, das mir zu groß vorkam. Eine mir ungewohnte Liebe, die keine Gegenliebe oder Leistung erforderte, sondern sich bedingungslos in mir ausbreitete. Wie konnte mich jemand so lieben, obwohl ich nicht mal das Geringste für ihn getan hatte? Ich vertiefte mich in die Bergpredigt und war von jedem der Jesus-Worte fasziniert und konnte nicht aufhören zu lesen. Kapitel für Kapitel verschlang ich die Evangelien, bis der erste Lichtstrahl des anbrechenden Tages in mein Zimmer fiel. „Wenn dich einer auf die rechte Wange schlägt, halte die andere hin." Verrückt. Wie kann man denn so leben?

Ich wurde infiziert von dieser Person Jesus Christus und entdeckte ein Leben und Wirken, das völlig hingegeben war an etwas unvorstellbar Großes, das er zärtlich „Abba" – Vater nannte. Der Worte voller Vollmacht sprach, die mich tief erschütterten. Ich weinte bitterlich, als ich von seinem Sterben las. Wie konnte man so einen unbeschreiblich guten Menschen nur töten? Wie kann man von IHM nicht ergriffen werden? Wieso bin ich diesem Jesus erst jetzt begegnet? Klar, wir hatten immer Freistunden, wenn andere Reli hatten. Wir haben um Schulanfangsgottesdienste gewusst, aber für uns fing die Schule einfach später an. Nie hörte ich einen Sportler oder Klassenkameraden je ein Wort über Jesus oder Kirche sprechen. An Sonntagen hatten wir fast immer Wettkämpfe.

Verstört ging ich an diesem Vormittag zu einem Basketballspiel, wo ich unfair gefoult wurde. Zu meiner eigenen Überraschung reagierte ich völlig untypisch und sagte meiner Gegnerin, dass ich sie dennoch lieb hätte. Was für ein Quatsch?! War ich das? Ich kannte sie doch gar nicht. Aber ich empfand genau das!

Zu Hause vertiefte ich mich wieder in die Bergpredigt. „Leistet dem, der euch etwas Böses antut, keinen Widerstand ..." (Mt 5, 39). War das heute morgen nicht schon so etwas? Und wenn man immer so leben könnte und keine Angst vor Menschen hätte? Wenn man tatsächlich diese Worte anfing zu leben, zu praktizieren? Was wäre das für ein Abenteuer, eine Erfüllung, eine Macht? Die Macht der Liebe? Unabhängigkeit? Echte Freiheit? Man müsste wirklich ernst damit machen. Quatsch. Ich müsste ernst damit machen. Ich könnte es doch mal testen. Mal ausprobieren. Das hieße aber, diesem Jesus oder Gott restlos vertrauen. WOW.

Heute schmunzle ich über meine naiven Gedanken von damals. Aber ich fing tatsächlich an, es auszuprobieren, ließ mich taufen und durfte Wunder über Wunder im Glauben erleben. Ich hatte ein Geschenk bekommen, das größer war als aller Erfolg, alle Medaillen und Urkunden. Mir wurde Glauben geschenkt. Und ich glaubte! Ich vertraute ihm von der ersten Stunde an. Wenn ich betete, dann ging ich davon aus, dass Gott das erhörte, denn schließlich sagte sein Sohn: „Bittet und es wird euch gegeben" (Mt 7,7).

Ich setzte ihm sogar die Pistole auf die Brust, wenn es jemandem nicht gut ging oder man mich bat, für ein Anliegen zu beten. Ich ging selbstverständlich davon aus, dass Gott mich hören und erhören wird, und zweifelte keinen Augenblick. Vielleicht würde Gott nicht so helfen, wie wir das gerne gehabt hätten, aber dass er hilft und gerne hilft, war für mich nie eine Frage. Und das ist bis heute so geblieben. IHM vertraue ich. Menschen nicht immer. Sie können enttäuschen und täuschen und dir übel zusetzen. Der Welt ebenso wenig, denn sie verspricht viel, was sie nicht hält. Und auch nicht immer dem Bodenpersonal meiner Kirche, und das nicht nur wegen Missbrauchsfällen oder Verschwendung von Geld. Selbst mir vertraue ich nicht immer, denn auch ich bin ein schwacher und sündiger Mensch und lebe nicht immer, was ich so gerne leben möchte, und enttäusche andere. Und so bleibt nur ER, der mich noch keinen Tag, seit ich um ihn weiß, traurig oder mutlos zurückgelassen hat.

Einige Bibelstellen aus der Bergpredigt wurden schnell zu meinen Lieblingsstellen – wie Kapitel 6,19-34. „Von der rechten Sorge", und vor allem die Verse 33 und 34: „Sucht aber zuerst sein Reich und seine Gerechtigkeit, dann wird euch alles andere dazugegeben. Sorgt euch also nicht um morgen, denn der morgige Tag wird für sich selbst sorgen. Jeder Tag hat genug an seiner eigenen Plage." Wie betörend einfach gesagt!

So hatte ich die Sache mit den Sorgen noch nie gesehen. Aber es erschien mir völlig einleuchtend zu sein. Würden mein täglicher Blick, mein Lebensatem, meine Gedanken und Konzentration auf das Wesentliche, das Lebenswichtigste, Bedeutendste, ja das gewaltig Größte – auf „SEIN REICH und SEINE GERECHTIGKEIT", auf GOTT selbst – ausgerichtet sein, würde sich eine völlig neue Gedanken- und Lebensperspektive erschließen!

Ich würde zwar täglich tun, was zu tun wäre, aber ich würde es auf neue Weise tun. Es müssten nicht mal neue Dinge sein oder außergewöhnliche oder besonders fromme Sachen. Nein – das ganz Normale eines jeden Tages würde von göttlicher Inspiration und Motivation durchdrungen sein! Ich würde lernen, es im Namen Jesu zu tun, und damit wäre wohl alles, was ich bisher getan hatte, infrage gestellt, alles, was mein bisheriges Leben ausgemacht hatte. Mein Umgang mit den Menschen und den Dingen, meiner Sportkarriere, ja mein ganzes Dasein. Ich müsste nur die Blickrichtung ändern. Von Gott her denken und auf ihn hin leben. Weltmeister im Hören werden, im Lauschen Seiner Worte und Seiner Anweisungen. Mich verwandeln lassen zur Titelverteidigerin im Vertrauen und Glauben.

Mein Training bestünde nicht mehr aus Stadionrunden, sondern aus Gebetsrunden. Ich würde mit Jesus den Tag beginnen und ihn mit ihm beenden. Ich würde nicht meine Sorgen in den Mittelpunkt stellen, sondern Seine Sorgen mir zu eigen machen. Fragen, was ich für Sein Reich tun könnte. Versuchen, IHN in allen Augenblicken des Tages zu entdecken. Vor allem, wenn mich meine Sorgen bedrängen! Wenn jede einzelne Sorge, mit der ich konfrontiert werde, mich bedrängt! Und so halte ich das seitdem. Seit fünfunddreißig Jahren. Und es funktioniert. Immer wieder.

Wie ich das mache? Ich schließe die Augen. Ich lade IHN ein. Ich halte inne mit meinen Gedanken. Ich lasse Seine Gedanken und Hilfen in mir zu. Höre auf, immer wieder über das Gleiche nachzudenken. Stattdessen fange ich an zu horchen, will gehorchen, ganz Ohr sein. Bitte um den Heiligen Geist. Fordere IHN auf zu bleiben. Was soll ich tun, Herr? Was soll ich lassen? Wo kannst du mich gebrauchen? Heute. Jetzt.

Okay, dachte ich am Anfang, vielleicht schickt er mich nach Afrika als Missionarin. Aber vielleicht bittet sein Geist mich einfach auch nur, still sitzen zu bleiben und Gott meine Lebenssorge zu übergeben. Oder er bittet mich, ernst zu machen mit dem Glauben. Jesu Worte nicht nur zu hören, sondern zu praktizieren. Mich erinnern zu lassen, wie geliebt ich vor Gott bin und dass ich weder etwas leisten, beweisen oder IHM versprechen muss. Einfach nur da sein, in behüteter, bewusster, zärtlicher Weise mich umarmen zu lassen von der Liebe, die schon so lange auf mich gewartet hat. Ich atme Gott ein und aus. Alles um mich will ich für ein Gebet lang vergessen. Nicht vor der Welt fliehen. Ein Teil der Welt werden, die Gott gedacht und geschaffen hat. Mich selbst als einen Teil der Schöpfung begreifen und anfangen, ein Suchender zu werden. Gottes Stimme zu suchen, nach Gottes Liebe zu suchen, nach Seiner Gerechtigkeit. Eine Liebende, sehnsuchtsvolle Suchende werden nach Seinem Reich.

Was mir als Neubekehrte damals so einleuchtend schien, hat in seiner Einfachheit bis heute in meinem Leben Bestand, auch wenn ich zugeben muss, dass es mir nicht immer gleich präsent ist, wenn der nächste Sturm von Sorgen tobt. Denn für das Wenige, das der Himmel von uns verlangt, „Gott zu vertrauen", hat ER sich bisher als Verschwender Seiner göttlichen Gnade und Liebe im Übermaß erkenntlich gezeigt. Den entscheidenden Nachsatz überlesen wir manchmal: „... dann wird euch alles andere dazugegeben" (Mt 6,33).

Wenn ich auf meine „Sorgenvergangenheit" zurückschaue, auf mein unglaublich aufregendes Leben, dann ist es auch immer eine dankbare „Jubelvergangenheit". Jubel über Gottes Beistand in tiefsten Nöten und Sorgen – und Jubel über die Erfahrung: Je intensiver ich Seine Nähe gesucht habe und für SEIN Reich gedient habe, desto größer war SEIN Beistand. SEINE Hilfe, SEINE Rettung.

„Jeder Tag hat genug an seiner eigenen Plage" (Mt 6,34). Wir sind keinen einzigen Tag diesen Plagen nur ausgeliefert. Wir sind nie alleine. Gott liebt es, uns zu beschützen und uns zu versorgen. Wir alleine entscheiden darüber, ob wir selber unser eigener – oder ER der Hüter unserer Tage ist.

Die Bibelverse der Bergpredigt vom Abschnitt „Von der rechten Sorge" ist eine zärtliche Führung hin zur Entschiedenheit, uns auf ein neues Denken, eine beschwingte Heiterkeit, ein kindliches Vertrauen einzulassen.

Es sind für mich die kraftvollsten und großartigsten Worte Jesu. Der Mutmachkick aus der Bibel für jeden Menschen. Wenn unser himmlischer Vater sich um einen kleinen Spatz so liebevoll kümmert – und es dann heißt: „Seid ihr nicht viel mehr als sie?" (Mt 6,26) Ich kann gar nicht genug kriegen von diesen ermutigenden Worten, die uns aber auch tollkühn infrage stellen.

„Denn wo dein Schatz ist, ist auch dein Herz" (Mt 6,21).

Es ist die tiefste Anfrage unseres Lebens. Wo, was oder wer ist der Schatz, für den wir unser Leben riskieren, unsere Arbeitskraft und Liebeskraft investieren? Denn da ist auch unser Herz. Wir alleine sind dafür verantwortlich, für was es schlägt.

Ich weiß, dass mein einfaches Herz niemanden erschüttern kann oder die Mächtigen dieser Welt zum Umdenken bringt. Es wird keinen Streit oder Hass oder Krieg aufhalten. Dafür ist es zu unbedeutend. Es wurde auch schon oft verwundet und manche Gehässigkeiten und Ablehnungen haben Narben hinterlassen. Aber ich weiß, es kann lieben und vertrauen … und für ein paar Menschen ein Lächeln aufs Gesicht zaubern. Dafür lohnt es sich doch zu leben und niemals müde zu werden! Daran zu erinnern, dass es unbändige Freude macht, Gott zu vertrauen.

Sein Reich ist schon da, wo wir ernst machen und uns bemühen, das Leben für andere lebenswerter und freundlicher zu machen. Wo wir verzeihen und aufhören, recht behalten zu wollen. Wo wir friedvolle Gedanken und Worte zu Taten werden lassen. Wo wir uns als „Kinder" des Lichtes, der Liebe, des Friedens zeigen und die Demut aufbringen, jeden anderen gelten zu lassen. Uns am Glück des anderen mitfreuen und ihm in seinem Kummer beistehen. Für Gerechtigkeit kämpfen, wie es ein jeder vermag, und an dem Platz, wo er ist, sich verschwenden. In jeder Begegnung kann so viel Liebenswertes geschehen! Jeder Tag hat die Chance, der beste, der größte, der umwerfend schönste Tag unseres Lebens zu werden. „Sorgt euch also nicht" – vertraut lieber und sagt euren Sorgen Gute Nacht!

Manchmal muss man
den eigenen Sorgen
„Gute Nacht!" sagen
und sich
auf den besinnen,
der größer
und behutsamer und tapferer
mit uns
und unserer Sorge
umgehen kann.

Der mehr weiß, als wir wissen.
Der tiefer die Dinge durchschaut.
Der uns auffordert, gelassen zu bleiben.

Wage einen Blick in die Bergpredigt
und lass dir seine Worte
auf dem Herzen zergehen.

Wir sind immer
eine Entscheidung davon entfernt,
IHM mehr
zu vertrauen
und mutiger
durch die Nacht
zu schreiten.

# 5. Vertrauen lernen

## *Den Sorgen in den Hintern treten*

♥

Nach den ersten Kapiteln ahnen Sie vielleicht schon: Es geht um Vertrauen und Glauben. Dies Buch kann Ihnen nicht die richtigen Zutaten für ein Rezept liefern, wie Sie nun für immer und ewig mit Ihren Sorgen zurechtkommen. So ein Rezept gibt es leider nicht. Kein Buch kann das lückenlos bewerkstelligen. Aber ich möchte Sie ermutigen, sich auf einen liebenden Gott einzulassen, der verrückt nach Ihnen ist und es gut meint mit Ihnen! Er hat Sie nicht einfach ins Leben geholt und Sie in eine Lebenssituation gestellt und verlangt nun von Ihnen, dass Sie irgendwie damit zurechtkommen. Er war schon mit Ihnen vertraut, noch bevor Sie auf dieser Erde waren. Er ist ein Gott, der noch nie von Ihrer Seite gewichen ist, seit ER Sie in Seinem genialen Gedanken erdacht hat, wie es ein schönes Geburtstagslied so liebevoll ausdrückt. „DU bist ein Gedanke Gottes, ein genialer noch dazu." ER wollte, dass Sie leben und geliebt werden. Sie sind das Kostbarste, was der Himmel hat. Sie sind Sein Schatz. ER weicht nicht einen Augenblick von Ihnen, denn ER ist ein Gott, der „da ist". So hat er sich offenbart, als er Mose am Dornbusch seinen Namen bekundet hat. „Ich bin der ‚Ich bin da'."

Dass er dabei inzwischen sehr unaufdringlich vorgeht, haben Sie auch schon gemerkt. Er drängt sich nicht auf. Wenn ich mir nur vorstelle, ER würde bei der nächsten Olympiade oder wenn Bayern München im Champions-League-Finale gewinnt, plötzlich den Himmel aufreißen und Seine Macht und Herrlichkeit zeigen. Was da los wäre! Alle würden sehen, dass es Gott tatsächlich gibt, und wahrscheinlich würden sich alle in diesem Moment bekehren! Super. Aber glauben wir Menschen wirklich, wir könnten aus Liebe weiterleben wie bisher, wenn wir eine Macht sehen könnten, die so groß ist, dass sie das Universum erschaffen hat? Ich fürchte, die meisten würden sich von diesem Schock lange nicht erholen und mit Angst weiterleben. Natürlich könnte Gott spektakulär erscheinen, aber ER hat es vorgezogen, ganz leise als kleines Boppelchen, als kleines Baby in einem unbedeutenden Kaff wie Betlehem auf die Welt zu kommen, damit niemand erschrickt. Und auf diese unaufdringliche und zutiefst menschliche Weise ist ER einer von uns geworden. Was für ein unfassliches Geheimnis der Menschwerdung! Nichts ist IHM erspart geblieben. Keine Versuchung, Ablehnung, Hass, Folter, Leiden oder ein Tod, der brutaler nicht sein konnte. ER kam aus Liebe, und ER lebte die Liebe, und ER starb, damit wir in Ewigkeit geliebt werden. Was für ein Gott, der lieber selbst die Strafe für jede Sünde dieser Welt auf sich nahm, als nur eines Seiner Kinder verloren gehen zu lassen!

Nie habe ich das deutlicher verstanden als bei meinem Besuch in Auschwitz. Nachdem ich die schrecklichen menschenverachtenden Häuser und Baracken besucht hatte, stand ich in einem Hof, wo Menschen regelmäßig erschossen wurden. Nicht nur, wenn sie sich etwas zuschulden haben kommen lassen, sondern weil sie zum falschen Zeitpunkt vorübergingen. Ich stelle mir vor, wie einer Mutter das Kind entrissen wurde, es an diese Wand gedrückt und eine Waffe auf sein Köpfchen gerichtet wurde. Ich höre die entsetzlichen Schreie der Mutter: „Halt! Bitte nicht! Nicht mein Kind! Nimm mich! Lass mein Kind leben!"

Mir kam dort Maximilian Kolbe in den Sinn, wie er anstelle eines anderen Gefangenen sich erschießen ließ. Und dann rannen mir die Tränen über das Gesicht. Ich begriff dort in Auschwitz, dass Jesus den Platz für uns eingenommen hat. Für uns eingetreten ist. Am Kreuz – für die ganze Menschheit. ER starb für jede Sünde und jeden Sünder.

Ich war erschüttert über diese große Liebe zu uns Menschen. ER rettete mich ganz persönlich, damit ich trotz meiner Sünden dem Gericht und ewigen Tod von der Schippe springen konnte.

Gott hatte mich wieder ins Mark getroffen. An diesem Ort erfasste ich neu, wer Jesus für mich war. Und umso mehr erzitterte ich über das unaussprechliche Leid, das Millionen von Menschen erdulden mussten.

Niemand verlässt Auschwitz und kann einfach so weiterleben. Kann das Geschehene ignorieren. Die Nazis haben ihre Opfer fotografiert. Zu Tausenden hängen sie dort eingerahmt und man läuft die Bilder ab und schaut in die Augen dieser unschuldigen gequälten und getöteten Menschenkinder. Wie oft dachte ich: Ich vermisse euch. Was wäre aus euch geworden, wenn es diesen Wahnsinn nicht gegeben hätte? Ich sah diese Frauen, Männer und Kinder Klavier spielen, malen, Gebäude konstruieren. Ich sah ein Europa voller Kultur und Intelligenz. Was wäre das für eine Gesellschaft geworden, wo wir uns gegenseitig bereichert und zusammen die Schulbank gedrückt hätten? Wo wir gemeinsam Synagogen, Kirchen und Moscheen besucht und mit euch eure und unsere Feste gefeiert hätten? Wenn man sich nicht gegenseitig in den Weltkriegen erschossen und vernichtet hätte? Ich schäme mich so sehr für das, was in Dresden und Chemnitz und in unserem Land wieder passiert. Dass Rechtsextreme wieder auf der Straße herumschreien und Menschen bedrohen und dass eine entsprechende Partei im Bundestag sitzt, die aus der Geschichte gar nichts gelernt hat. Niemals dürfen wir vergessen, was in Auschwitz passiert ist. Nie die Augen verschließen, wenn der Wert eines Menschen infrage gestellt wird.

Auch wenn es für uns noch so unbegreiflich ist – ich weiß auch, dass wir niemanden ändern können. Schließlich hat Gott selbst ein fantastisches und gefährliches Geschenk gegeben: die Freiheit. ER respektiert diese Freiheit bis ins Äußerste ... und würde nie in unser Leben kommen oder eingreifen, wenn wir IHM das nicht erlauben. ER ist ein Gentleman! ER will keine Marionetten. ER macht niemanden zum Sklaven. Niemand muss glauben, beten oder gegen seine Überzeugung handeln.

Gott selbst hat uns diese Welt anvertraut – und vertraut uns immer wieder neu, dass wir das Richtige tun. Dazu wohnt in uns eine angeborene unauslöschliche Instanz: unser Gewissen. Damit sind wir durchaus fähig, Recht und Unrecht zu unterscheiden. Wir wissen, was gut und böse ist! Ein „schlechtes Gewissen" kennt jeder Mensch und wie Gewissensbisse uns zusetzen können. Es lässt sich nicht einfach umgehen, auch wenn wir uns noch so sehr zu rechtfertigen versuchen. Wir können es nicht einfach zum Schweigen bringen.

Selbst als ich noch keine Christin war und keinen Glauben hatte, spürte ich mein Gewissen und begriff sofort, wenn ich etwas Falsches tun wollte. Wer kennt nicht die kleinen und großen Mahnrufe!

Und doch ist es kein absoluter und zweifelsfreier Maßstab für das Leben. Und doch gibt es Situationen, wo Menschen offenbar weder ein Gewissen noch Skrupel haben. Die grausamsten Verbrechen konnten ohne – sichtbare – Gewissensbisse begangen werden.

Wir können unser Gewissen ignorieren. Und immer hat die Propaganda dort funktioniert, wo „man" sich von anderen hat sagen lassen, was „man" zu denken oder zu tun hat. Wir sind aber keine Tiere, die nur nach dem Instinkt handeln, sondern ausgestattet mit Gewissen und freiem Willen. Einem gefährlichen freien Willen! Doch bei aller Gefahr ist es eine herrliche Freiheit, wenn wir uns trauen, sie als Kinder Gottes zu leben. Jesus Christus hat die Grundlage der christlichen Freiheit vorgelebt. ER hat sich von allen ethischen und falsch verstandenen religiösen Maßstäben distanziert. Gott schaut nicht auf das Äußere, ER schaut und beurteilt allein das Herz. „Zur Freiheit hat uns Christus befreit" (Gal 5,1). „Die Freiheit wäre, wenn es einen Personalausweis für Christen gäbe", so Papst Franziskus, ein „unveränderliches Kennzeichen". Die Freiheit der Kinder Gottes sei die Frucht der Versöhnung mit dem Vater, die Jesus, der die Sünden aller Menschen auf sich genommen und die Welt am Kreuz erlöst hat, bewirkt habe. Wunderbare Worte. „Das war die Sendung Jesu", sein Auftrag.

Wahre Freiheit befreit uns nicht nur von etwas, sondern macht uns frei für etwas! Gott will uns einladen, unsere Freiheit bewusst zu leben, und ich bin gewiss, dass wir damit früher oder später in seinen liebenden Armen landen. Den freiesten Ort, den wir finden können, an dem wir geschätzt und getragen und geborgen und umfangen sind von Güte, Respekt und Barmherzigkeit. Vielleicht leben Sie in einer Situation, wo Sie wenig Freiheit oder Angenommensein oder Liebe spüren. So gern möchte ich Sie ermutigen, sich auf Gottes Freiheit einzulassen. Ja, ich weiß, dass uns das erst widerstrebt. Wir wollen unabhängig sein und selber entscheiden. Wir wollen das alleine bewerkstelligen. Und sehr schnell schlittern wir in die Konsequenzen dieses Unabhängigkeitsstrebens. Wir überschätzen uns leicht und glauben, wir können das alleine vollbringen. Zwischen Stolz und Minderwertigkeitsgefühlen pendeln viele Menschen.

Vor allem, wenn sie an ihre Grenzen kommen oder merken, dass sie bei vielen Dingen machtlos sind. Wie schnell wird alles infrage gestellt, wenn sich ein Scheitern abzeichnet.

Wir wollen uns und anderen so gerne beweisen, dass wir das alleine schaffen. Wie heilsam, wenn wir erkennen, dass wir nicht die „Macher" sind – und dennoch angenommen werden. Ganz wichtig: Wir dürfen Demut nie verwechseln mit „im Staub kriechen"!

Echte Demut lässt einen realistischen Umgang mit uns zu – und erträgt die eigene Bedürftigkeit.

Uns bleibt auch als Christen nichts erspart. Wir werden nicht von einer unsichtbaren Hülle umgeben, die uns vor allem Bösen und den Bösen schützt. Wir werden selbst ebenso schuldig und stolpern und machen zuweilen unvorstellbare Fehler. Beziehungen scheitern, neue Beziehungen werden eingegangen. Wir denken und sagen und tun Dinge, die falsch sind, für die wir uns schämen. Leider. Wir sind deprimiert, wenn wir nicht akzeptieren können, dass wir aus eigener Kraft nicht so toll sind, wie wir das gerne sein möchten!

Gott ist bereit, uns in jeder Sorge zu helfen, wann immer wir uns IHM zuwenden, und schenkt uns neuen Mut und Liebe und Anerkennung, wie sie diese Welt niemals geben kann. ER ist ein stiller Begleiter auf dem Weg, den wir wählen. ER will uns versorgen, wenn wir IHN lassen.

Aber oft kommt Gott erst dann ins Spiel, wenn wir am Ende sind. Nicht mehr weiterwissen. Der Boden uns unter den Füßen weggerissen wird. Wenn die Scherbenhaufen in alle Richtungen verteilt sind. Und wehe, ER hilft nicht sofort! Oft ist die Ungeduld dann gewaltig.

„Das Wort, das dir hilft, kannst du dir nicht selbst sagen", meint ein afrikanisches Sprichwort. Deshalb möchte ich es Ihnen zurufen: Gott wird Sie nicht im Stich lassen! Versuchen Sie, IHM neu zu vertrauen. Geben Sie IHM eine Chance! Wo steht IHR Vertrauen zu Gott auf einer Skala von null bis hundert?

Vertrauen ist schön, bis man enttäuscht wird. Das tut bitterlich weh. Ja, das gibt es. Ich kenne es nur von Menschen. Aber auch da erlebe ich das Wunder der Versöhnung. Neuanfänge. Wie gut: Vertrauen können wir lernen. Trainieren. Es gibt so viele Mutmachgeschichten mit Gott. So viele Lebenszeugnisse, wo Gott eingeschritten ist.

Unvergessen bleibt mir eine kleine Begebenheit bei einem Frauenfrühstück in der Nähe von Dresden, kurz nach der Wende. Bevor mein Vortrag beginnen sollte, wurde von der Moderatorin gefragt, ob jemand ein Zeugnis erzählen möchte, wie Gott in dieser Woche geholfen hat. Ich kannte das damals als katholische Schwester noch nicht, dass man so frei und öffentlich in der Gemeinde darüber sprach, und war überrascht, als sich sofort eine der Frauen meldete. Sie berichtete davon, dass ihre erwachsene Tochter plötzlich nach Jahren der Distanz im Glauben ein Bibelstudium beginnen wollte. Wie glücklich waren die Eltern darüber, aber es gab das Problem, wie sollte ihre Tochter unter der Woche dort hinkommen? Der Vater brauchte das eine Auto für die Arbeit, denn er musste weit fahren, und die Familie war froh, dass er endlich eine gute Stelle erhalten hatte. Und das kleine Zweitauto brauchte die Mutter für die Fahrten für ihr anderes behindertes Kind, das fast täglich zu den vielen Arzt- und Therapiestunden musste. Es gab keine Möglichkeit, mit dem Zug zu fahren und nur schwierige Busverbindungen. Sollte die Berufung nun an einem Auto scheitern? Ein weiteres Auto war einfach nicht finanzierbar. Da lud die Familie noch am selben Abend mehrere Freunde der Gemeinde ein und sie beteten den ganzen Abend zu Gott. ER wusste sicher eine Lösung. Am nächsten Morgen rief ein ehemaliger Klassenkamerad bei der Tochter an und schlug ihr vor, ob sie nicht ein Auto bräuchte und seines übernehmen würde – er bräuchte es nicht, weil er für ein Jahr im Ausland studieren wollte. Er würde es ihr schenken. Ein Lobpreislied wurde angestimmt, als wäre Gottes Hilfe das Selbstverständlichste der Welt. Ich war begeistert.

Mit wie vielen wundervollen Anekdoten von Gottes Eingreifen bei uns und in meinem Leben könnte ich diese Buchseiten füllen! Immer wieder ermutige ich meine vielen Gesprächspartnerinnen und Hilfesuchenden, sich auf dieses Abenteuer des Vertrauens einzulassen. Schade, dass wir so wenig diese Vertrauensgeschichten teilen! Ich möchte Sie ermutigen, wieder vertrauen zu lernen! Ich möchte Sie bitten, sich IHM anzuvertrauen. Es ist nie zu spät, um Hilfe zu bitten. Nur der Heiland kann heilen. ER kann Ihr Leben so tief, so gelassen, so heilsam verändern. ER kann Ihnen das verlorene Selbstwertgefühl schenken. ER kann Sie trösten und befreien und ungeahnte Wege aufzeigen.

DU geliebte Leserin, DU geliebter Leser. Du bist kostbar und einzigartig und wertvoll!

Du bist ein Geschenk an diese Welt. Gott will dich das spüren lassen und eine tiefe Freundschaft mit dir beginnen.

ER will Gelassenheit und Heiterkeit und Frieden auch in deiner Seele hinterlassen.

Sei gewiss: Niemand ist größer und mächtiger und klüger und verliebter in DICH als ER. Und deshalb kannst du deinen Sorgen für heute mal einen Tritt verpassen!

Stell dich in das Scheinwerferlicht Seiner Liebe!

Er wendet sich dir zu – mit unsagbarer Freude! – und will deine Tränen abwischen, deine Schuld vergeben, dein zerbrochenes Herz heilen, deine Einsamkeit durchbrechen, deine Zweifel entwirren. ER will dich beruhigen und mit dir jeden neuen Tag mit Zuversicht beginnen.

Vertraue dem Vertrauenswürdigsten! Beginne jetzt damit.

Gott hält dich aus.
Deine Zweifel.
Deine Ängste.
Deine Bitterkeit.
Deine Leere.

Gott hält dich fest.
Mit Verständnis,
Behutsamkeit,
Zärtlichkeit
und der
atemberaubenden Liebe
seines Sohnes.

Hab Vertrauen.
Hab Mut.
Mut tut gut.

# 6. Vergebung befreit

*Den Sorgen den Stachel nehmen*

Es sind die vielen Gespräche nach meinen Vorträgen, die mich die Weite und Tiefe und Vielfalt der Sorgen gelehrt haben, unter denen meine Gesprächspartnerinnen zu leiden haben. Meistens sind es Frauen, aber auch viele Männer; es sind Junge und Alte, die mich um Rat fragen, sich mir anvertrauen oder mich um das Gebet bitten. In den letzten sieben Jahren bin ich mit meinem Auto fast 490 000 km durch unsere herrliche Bundesrepublik, durch Österreich, die Schweiz oder mein geliebtes Südtirol gefahren und hielt 180-200 Vorträge im Jahr. Meine Veranstalter sind Führungskräfte von Banken und Sparkassen oder Bäuerinnen bei Landfrauentagen, sind Handwerksmeister oder Universitäten. Genauso bin ich bei Veranstaltungen von Christen aller Konfessionen: evangelisch, katholisch, freikirchlich, ob zu Seniorennachmittagen oder Frauenfrühstücken, Gäste- oder Jugendgottesdiensten.

Es sind nicht alleine die Vorträge, sondern auch die anschließenden Gespräche, bei denen ich versuche, jeden Menschen wirklich zu sehen und ihm zuzuhören. Die Begegnungen lösen auch bei mir viele Emotionen aus. Wenn ich zu Hause bin, kann man mich immer wieder auch telefonisch erreichen oder mich über meine Facebookseiten anschreiben. Gelegentlich empfange ich auch Gäste zu Hause, wie vor Kurzem einen Mann, der zehn Stunden Autofahrt aus Südtirol auf sich genommen hatte, um mit mir zu reden. Aber meistens bin ich eben unterwegs.

Wie oft dachte ich schon, ich hätte schon alles gehört, was Menschen passieren kann, aber immer wieder geben mir Schilderungen vom Umgang mit bösartigem oder narzisstischem Verhalten in Beziehungen neue Rätsel auf und ungeheuerliche Schicksale machen auch mich sprachlos und ohnmächtig. Es gibt wirklich keine Sorge, die es nicht gibt!

In erschütternden Fällen kann ich auch nichts anderes tun als zuhören und schweigen oder die Person liebevoll umarmen. Ich bete oft am Tag für die mir Anvertrauten, und auf meinen endlosen Touren habe ich viel Zeit dafür. Am schwersten ist es, wenn Mütter ihr Kind durch Krankheit oder Unfall verloren haben, oder vielleicht noch grausamer, wenn sich ein Mensch das Leben genommen hat. Fest steht: Es gibt keine Skala, keine Hierarchie des Leidens. Man kommt nie darüber hinweg und der Schmerz ist plötzlich wieder vorhanden, auch wenn die Abstände, darüber nachzudenken, länger werden. Das Leben geht weiter. Doch nie für die Betroffenen. Es geht anders weiter. Verzögert, gelähmt, verzweifelt, ausgebrannt, sprachlos und die erste Zeit völlig sinnlos. Oft können die Angehörigen damit überhaupt nicht umgehen, und es fällt schwer, richtige Worte zu finden. Doch allein das hilft schon: die liebende Nähe und das Aushalten des Schmerzes und immer und immer wieder zuhören und einfach da sein – gern auch ohne viele Worte. Wie viele Beziehungen scheitern daran, weil jede und jeder anders trauert und jede und jeder unterschiedlich viel Zeit braucht. Trauerarbeit tut weh und kostet Kraft, manchmal übermenschliche Kraft. Wie wertvoll, wenn sie getan wird, Schritt für Schritt … und langsam wieder „Leben ins Leben" kommt!

Gleichzeitig glaube ich, wie Norman Cousins es so treffend beschreibt, dass „nicht der Tod der größte Verlust im Leben ist, sondern das, was in dir stirbt, während du lebst!".

Ich erlebe, wie schwer es ist, sich mit dem, was das Leben uns zumutet, zu versöhnen. Tod ist mehr als das Aussetzen oder Ende der Herztätigkeit. Todesspuren sind überall.

Manche Verhaltensweisen von Menschen können einem etwas vom Leben nehmen. Worte und Taten haben die Macht, Beziehungen und Freundschaft und innige Liebe zu zerstören und schwer zu verletzen. Beziehungslosigkeit ist tödlich.

Wie könnte ich die tieftraurigen Augen einer lieben alten Dame vergessen, die mir schilderte, dass ihr Sohn und die Schwiegertochter nichts mehr mit ihr zu tun haben wollen. Sie hatte sich nur einen kleinen Scherz erlaubt und das Schlimme sei für sie, dass sie sich einfach in keiner Weise daran erinnern kann, was sie Falsches gesagt hatte. Aber ab diesem Zeitpunkt brach jeder Kontakt ab. Jetzt sitzt sie mutterseelenallein zu Hause und weint sich die Augen aus. Telefonhörer werden aufgelegt oder Gespräche weggedrückt. Kein Besuch mehr. Die Enkelkinder bekommt sie nicht mehr zu Gesicht. Jegliche Gesprächsversuche über Freunde und Verwandte schlagen fehl. Natürlich weiß ich nicht, ob diese letzten Worte von ihr nur die Spitze eines Eisberges einer bereits zerrütteten Beziehung waren. Ich kenne die Hintergründe nicht. Ich verurteile auch niemanden. Ich sehe diese alte, auch kranke, zerbrochene Frau, die keine Chance hat auf Versöhnung und keine Vergebung erlebt. Die sich selbst nicht verzeihen kann. Stillstand jedes Gespräches ist eine Todesspur.

Oder der Mann, der nach mehreren gescheiterten Ehen Angst vor der Hölle hat und den nichts beruhigen kann. Der von Seelsorger zu Seelsorger rennt und sich nicht verzeihen kann, was alles schiefgegangen ist. Mit wie viel Respekt und innerer Anteilnahme denke ich an einen lieben Freund und Liedermacher, der durch falsches Abbiegen einen Unfall verursacht hatte und seine Tochter verloren hat. Sie war zehn Jahre alt. Wie herzzerreißend das Ringen mit der Trauer und dem Umgang mit dem Verlust, der eigenen Schuld und mit Gott ist, beschreibt er so erschütternd und bewegend in seinem Buch „Mitten aus dem Leben". So viele Gespräche kommen mir in den Sinn, wo Betroffene sich selbst, aber auch anderen nicht vergeben können. Wie könnte man auch „einfach" verzeihen, jahrelang körperlich und seelisch missbraucht worden zu sein? Die Scham, das „im Stich gelassen werden", dass niemand einem glaubt und man für den Rest des Lebens seelisch leidet und manche, mancher nur mit Therapien und Medikamenten weiterleben kann. Beziehungsmissbrauch ist eine Todesspur.

Da stirbt man buchstäblich und kämpft ums nackte Überleben. Denn ein gutes Leben ist das nicht mehr. Wie schäme ich mich, wenn das auch noch katholische Priester waren oder Angehörige meiner Kirche. Ich bin so wütend darüber. Da mühe ich mich jeden Tag meines Lebens und viele Abertausende liebenswerte Schwestern und Brüder mit mir, für die Menschen da zu sein. Versuchen, den Hilflosen und Verängstigten, Kranken, Armen und Bedürftigen zur Seite zu stehen, so gut wir es können, und müssen mit ansehen, wie Menschen erbost uns den Rücken kehren. Wir erleben es hautnah, weil wir auf der Straße sind und ganz nah bei ihnen. Wir halten den Kopf hin, denn aller berechtigter Zorn und Wut über den Ekel braucht Ventile, braucht das, was bisher verwehrt wurde: Verständnis.

So auch ein Geschädigter, der sich nach meinem TV-Auftritt bei Markus Lanz meldete. Eigentlich hätte er mit allem, was Kirche betrifft, abgeschlossen, „aber so eine Schwester hätte er noch nicht erlebt". Ein Jahr standen wir über E-Mail in Korrespondenz. Er vertraute sich mir an. Wie weinte ich, als er mir eines Tages schrieb, dass er bereit wäre zu verzeihen. Vergessen kann er es natürlich nicht. Aber er wollte nicht weiter die Macht seinen Peinigern überlassen. Er hatte am Ende sogar den Mut, sich bei seiner Diözese zu melden, aber eine Entschädigung wurde abgelehnt. Nicht mal eine Entschuldigung bekam er. Auch darüber bin ich noch sehr wütend. Ich schrieb ihm dann meine persönliche Entschuldigung.

„Sie bekommen keine Entschädigung und wollen doch verzeihen. Das ist so groß! Und deswegen möchte ich mich stellvertretend für meine Kirche entschuldigen ... für alle Brüder und Schwestern einer schwachen und erbärmlichen Kirche, die vielerorts nicht fähig ist, zu ihrer Schuld zu stehen, zu dem, was sie Kindern angetan hat ... Für alle Verbrechen an Ihnen und die Lebensfreude, die man Ihnen für viele Jahre genommen hat, gibt es keine Entschuldigung. Es tut mir so leid, dass Sie keine Entschädigung bekommen. Geld kann in Ihnen nicht den Schmerz über das Erlebte lindern, aber dass man Ihnen glaubt und Sie ernst nimmt, wäre das Mindeste, was man damit zum Ausdruck bringen würde. Ich danke Ihnen für den Schritt, dennoch verzeihen zu wollen ... Möge Gott Ihnen jeden Tag Menschen auf den Weg schicken, die Ihnen Wärme, Liebe und Anerkennung schenken und Sie wissen lassen, dass Sie unendlich wertvoll sind."

Wie viele Todesspuren hat dieser Mensch in seinem Leben erfahren müssen? Er hatte für Jahre abgeschlossen mit der Institution und dem Bodenpersonal dieser Kirche. Und er hat es gewagt, sich einem Menschen dieses „Saftladens", wie jemand es verbittert ausdrückte, wieder zu nähern. Unglaublich.

Für mich ist es das größte und schönste Wunder, das ich erleben durfte. Er arbeitete dennoch als Organist in einer anderen Kirche. Mit Gott hatte er nicht abgeschlossen. Das berührt mich jeden Tag, wenn ich daran denke.

Verzeihen und Vergeben – das setzt Fußspuren von neuem Leben. Für ein neues Leben.

Wir erleben es immer wieder: Wir werden schuldig oder andere werden an uns schuldig. Die Sorge über unsere Schuld und Sünden quält so viele Menschen. „Denn ich tue nicht das Gute, das ich will, sondern das Böse, das ich nicht will, vollbringe ich", sagt Paulus (Röm 7,19).

Wohin mit all der Last? Wohin mit all der Ohnmacht und Wut? Über sich selbst und andere. Wohin mit all den menschlichen Fehlern oder der Schuld, wenn man nichts mehr gutmachen kann? Wie oft äußern mir Menschen ihre Not, sich nicht mehr mit den Eltern oder einer verstorbenen Person versöhnt zu haben! Wenn dringend notwendige Worte ungesagt blieben und der Schmerz übergroß war und die Kraft zum Vergeben nicht ausreichte – was dann?

Was, wenn Taten verjährt sind?

Wenn es hier auf Erden keine Aussicht auf Aussöhnung, Ausgleich, Gerechtigkeit gibt? Auch wenn Frauen mir anvertrauen, dass sie ein Leben lang unter den Folgen einer Abtreibung leiden, ist das ein Thema. Ja, viele leiden und weinen und denken jeden Tag an ihr ungeborenes Kind. Sie sind schon bestraft genug, da braucht niemand eine moralische Keule zu schwingen. Wer bin ich, dass ich irgendjemand verurteilen könnte? Aber habe ich das nicht schon oft getan? Tue ich das nicht täglich? Wie reagiere ich auf all die Nachrichten und rege mich über andere auf? Übergroß erscheint mir auch meine eigene Sünde. Alle Lieblosigkeit und alle Unfähigkeit und alle Schwäche. Wie kann ich es da „wert" sein, dass Gott mich liebt? Was ist mit allem, was ich schuldig geblieben bin? Wenn die große Abrechnung kommt, werden wir sogar für jedes „unnütze Wort gerichtet". Na bravo. Wenn das kein Grund wäre, sich zu sorgen!

Doch: Stopp! Halt! Achtung!

Es gibt einen „Sorgenfresser-Ort". Es gibt einen Deponieplatz für unsere Schuld. Einen heiligen Flucht-Ort für all unsere Sünden. Gott selbst hat diesen Ort geschaffen. Einen glückseligen Ort für unsere Rettung. Auf Golgatha und auf den Brettern des Kreuzes. Dort hat Gott jeden Schuldzettel zerrissen. Auch Ihren. Er verzichtet auf jede Bestrafung. Wo SEIN Sohn für unsere Schuld starb, findet die große „ent-SORGung" statt. Aller Sperrmüll des Todes, aller Dreck der Sünde wird hier vernichtet.

Gott fischt uns selbst heraus aus dem Müllberg unseres Versagens. Er macht uns fähig, neu anzufangen. ER schenkt uns neues Leben und zeigt uns Perspektiven auf. Wer die große Vergebung Gottes annimmt, erlebt Befreiung in ungeahntem Maße. Er erfährt ein Angenommensein, das ihm möglich macht, sich selbst wieder in die Augen zu schauen. Er wird fähig, seine Schuld zu erkennen, zu bekennen und dazu zu stehen.

Er schöpft Kraft aus der unsagbar tiefen Liebe, die fähig macht, auch anderen zu verzeihen. Er überlässt Gott auch seine eigenen Schuldiger. Er verzichtet auf Rache. Er sucht die Lebensspuren in der Versöhnung.

Jetzt ist Versöhnung möglich. Versöhnung – und neuer innerer Friede. Indem wir zum Kreuz gehen, die konkrete Schuld bekennen und Gott um Verzeihung bitten. Nicht mehr und nicht weniger.

Vergebung ist das pure Leben. Erlebte Vergebung nimmt den Stachel der Sorgen fort. Und Gott will uns durch Seinen Sohn alles vergeben! Er will uns befähigen, das auch bei anderen zu tun: vergeben. Dinge in Ordnung bringen und bringen lassen. Versöhnung finden. Frieden erleben.

Wie heilsam es für eine Frau war, ihr abgetriebenes Kind um Vergebung zu bitten, durften wir letztens erleben. Wie dankbar sie war, von solchen Heilungsgottesdiensten und Seelsorgeangeboten zu erfahren! Sie träumte in der Nacht darauf von ihrem Kind und ist seit dieser Nacht wie verwandelt.

Natürlich versteht Gott, wenn wir zögerlich sind, auf andere zuzugehen in Sachen Vergebung. Nicht alle meinen es gut mit uns. Nicht jeder wird uns mit offenen Armen empfangen. Macht nichts. Tun wir den ersten Schritt! Darauf kommt es an. Und wenn der andere nicht bereit ist oder zurzeit noch nicht fähig dazu ist, überlassen wir ihn Gott und seinen guten Händen. Gott hat unendliche Geduld und er wird mit jedem gut umgehen, weil er bei jedem Menschen den Grund hinter seinem Verhalten kennt. Er kennt jeden Umstand, jede Entwicklung, jede Absicht. Er weiß genau, warum wir so sind, wie wir sind, und warum der andere anders ist.

„Ich weiß, dass Gott mir vergeben hat, aber dennoch quälen mich Schuldgefühle." Auch das höre ich öfters. Natürlich bleibt die Folge der Sünde. Wer gelogen hat und Vertrauen zerstört hat, muss aushalten lernen, dass der andere Zeit braucht – und Kraft und Heilung, bis er vergeben kann.

Ein Mann, der mir letztens seinen Ehebruch bekannte, spürt hautnah die Folgen und die Last der Schuld. Seine Kinder sind empört; war er doch so ein strenger Vater mit Prinzipien ... und ausgerechnet er betrügt über Jahre ihre Mutter! Sie sind einfach nur wütend und haben noch kein Ohr für ein echtes Gespräch. Er hat seine Frau und die Kinder aufrichtig um Verzeihung gebeten, er war sogar beichten, und doch bleibt ein Unbehagen zurück. Natürlich! Die heftigen Reaktionen seiner Frau und Kinder machen ihn natürlich traurig. Alles verständlich. Vielleicht braucht es Jahre, bis sie sich wieder nahekommen, und ob umfassende Versöhnung möglich ist, weiß niemand. Bei allem von ihm verschuldeten Leid hat er aber wieder zu Gott gefunden. Ist ehrlich geworden und sucht nun das Gute. Er weiß, dass Gott ihm vergeben hat, auch wenn er das Geschehene nie wieder rückgängig machen kann. Aber er hat den wichtigsten Schritt getan. Er steht zu seinem Versagen. Er ist bereit, auch die Konsequenzen zu tragen. Im Moment: geduldig die Ablehnung seiner Kinder zu ertragen. Ich bin sicher, dass Gott ihm dazu die Kraft gibt. Ich spüre, wie die Last der jahrelangen Lügen von ihm abgefallen ist.

Wer viel liebt, dem wird viel vergeben, sagt Jesus. Und das ist so tröstlich! Wenn Gott durch seinen Sohn bereit ist, uns alle unsere Sünden zu vergeben, sollten wir nicht auch als einer der ersten Schritte bereit sein, anderen zu vergeben? Vielleicht beginnen mit dem Gebet für konkrete Menschen, die uns auf der Seele liegen? Alle segnen, über die wir schlecht gedacht und geredet und ihnen zugesetzt haben?

Manchem hilft es auch, anderen Gutes zu tun, ohne dass sie es bemerken, oder aus echter Bereitschaft etwas für Bedürftige zu spenden.

Vergebung zu erleben und zu vergeben ist über-lebenswichtig!

Echte Reue zu zeigen ist ein guter Schritt. Wie wichtig! Auch: bereit sein, die Vergebung Gottes anzunehmen. Die Würde, die Gott schenkt, wieder zu empfangen, wenn vielleicht auch in einem Bad der Tränen. Heilsamere Tränen gibt es kaum! So vieles sammelt sich im Laufe der Jahre an Belastungen und persönlicher Schuld an. Manchmal wundert es mich gar nicht, warum manche Menschen ihr Leben nicht mehr in den Griff bekommen. Warum wir nie daran denken, auch unsere Seele zu reinigen?!

Wie hat er mich berührt, der Abschnitt über die Beichte aus dem Buch „Chefvisite. Die unerwartete Rückkehr des Auferstandenen" von Albrecht Gralle!

Der evangelische Theologe und Buchautor beschreibt in seinem fiktiven Roman, wie der Auferstandene für eine kurze Zeit auf die Erde zurückkommt, um die Menschen aufzurütteln. So fragt Jesus Oliver, den er ausgewählt hat, ihn zu begleiten, ob er sich nicht erst reinigen will, bevor sie losgehen. Oliver ist sichtlich geschockt. Er denkt bei „Reinigen" ... „im Geiste an eine himmlische Waschmaschine, in die man ihn stecken würde, und den anschließenden Schleudergang".

Jesus wundert sich, dass „kein Jahrhundert so viel Wert auf äußere Reinigung gelegt hat wie dieses Jahrhundert. Es gibt tausend verschiedene Reinigungsmarken, vor jeder OP wird alles gründlich gereinigt und sterilisiert. Es gibt Reinigungsmilch für das Gesicht, es gibt Abführmittel, um den Darm vor einer Darmspiegelung zu reinigen. Millionen von Menschen arbeiten in Reinigungsfirmen, aber ausgerechnet der wichtigste Teil des Menschen, die Seele, scheint von der Reinigung ausgeschlossen zu sein. Niemand scheint es zu kümmern, dass euer Inneres mit der Zeit verdreckt, abstumpft und langsam einrostet! ER habe doch die Vergebung zurückgelassen, damit ihr euch immer wieder reinigen könnt. Die Katholiken haben immerhin noch die Vergebung in Form eines alten Beichtrituals beibehalten, aber ihr Evangelischen denkt, man muss nur den Satz aussprechen: Ich bekenne meine Schuld, und alles sei weggewischt. Das wäre so ähnlich, wie wenn eine Putzfrau bei einem verdreckten Zimmer ausrufen würde: Ich bekenne, dass dieses Zimmer dreckig ist, ich glaube an die Reinigungskraft von Bürste und Seife. Und dann würde sie darauf hoffen, dass sich das Zimmer von selbst reinigt." Jesus gibt Oliver zu verstehen, dass er ihn nicht bedrängen will, aber er sagt ihm, dass „er damit rechnen müsste, dass ihm Seine Gegenwart mit der Zeit auf die Nerven geht, dass er müde und lustlos wird, kraftlos und ohne Elan".

Natürlich – wie könnten wir sündige Menschen es in der Gegenwart der vollkommenen Heiligkeit und Schönheit länger aushalten, wenn wir uns nicht selbst um Reinheit bemühen? Wie könnten wir an der Seite Jesu bestehen?

Und ist nicht „Wellness" für den Körper in aller Munde? Aber Wellness der Seele? Es gibt eine wundervolle Reinigung unserer Seelen, wenn wir uns dem Heiland anvertrauen! Unsere Sehnsucht nach Wohlbefinden und Gesundheit, nach Frieden und Heil, nach Geborgenheit und Lebensfreude braucht einen Wellnessort, den wir nur im Himmel finden können, der aber am Kreuz Jesu sich für immer in dieser Welt verwurzelt hat.

Meine Seele
verzeih mir
alle Last
alle Schuld
alle Unversöhnlichkeit
alle Verkrustungen
alles Unrecht
alle Rechthaberei.

Verzeih mir alles,
durch das ich dich
verletzt,
verzweifelt,
traurig gemacht
und verunreinigt habe.

Ich will dich
durch den herzlichen Arzt,
den sanften Behandler,
den treuen Freund,
den einzigen Retter,
den einzigen Vergeber:
durch JESUS CHRISTUS

der zärtlichen Reinigung
der Liebe unterziehen.

Meine Seele –
wie erfrischt und frei,
wie neu und geheilt,
wirst du mit göttlicher Lust
wieder tanzen
im Leib als Tempel
des Heiligen Geistes!

# 7. Lachfalten statt Sorgenfalten

*Die beste Medizin – und kostenlos dazu!*

♥

Bei meinen Vorträgen wird oft schallend gelacht, und ich animiere nicht nur meine Zuhörer dazu, manchmal biege ich mich dabei selbst vor Lachen. Seit ich den Vortrag „Jeder ist normal, bis du ihn kennst!" ausgearbeitet habe, ist er zum Bestseller aller Vortragsbuchungen geworden. Ein Jahr brauchte ich bis zur Fertigstellung. Es geht um das Thema, wie wir mit schwierigen Menschen besser zurechtkommen und Kränkungen aus eigener Kraft überwinden können. Wie hilfreich dabei Gedankenstopps sind und vor allem der Humor. Wenn man den anderen sowieso nicht ändern kann, bleibt uns zur seelischen Hygiene nur, nicht alles in unser tiefstes Herz zu lassen. Neben dem Gebet gelingt das am besten mit Humor.

Nicht alles, was wir hören und sehen, sollten wir auf die „Goldwaage legen". Aber umgekehrt umso mehr unsere eigenen Worte abwägen – denn Tatsache ist nun mal, dass durch abschätzige Worte viele Menschen verletzt werden. Und wer will schon mutwillig seine Beziehungen selbst zerstören?

„Auch für dein Wort mach Waage und Gewicht", heißt es bei Jesus Sirach und Luther übersetzte die Stelle: „Du wägst dein Gold und Silber ein, warum wägest du nicht auch deine Worte auf der Goldwaage?"

Gar nicht so einfach, das eine zu lassen, aber das andere zu tun!

Als ich bei meinen Recherchen zu besagtem Vortrag auf die Lachforschung stieß, eröffnete sich mir Erstaunliches –

und sehr Ermutigendes! Immer schon war ich ein positiver und humorvoller Mensch und vor allem lache ich furchtbar gern. Überrascht war ich dennoch, wie weit die Psychologie und Medizin den Humor als bedeutsamen Schutzfaktor bei seelischen Belastungen entdeckt haben. Ein Mensch, der mit einer Prise Humor begabt ist, kann den Unzulänglichkeiten der Welt und den Menschen mit heiterer Gelassenheit begegnen. Das Lachen ist eine herrliche Medizin: Es baut Stress ab, überschüttet den Körper mit Glückshormonen und wirkt damit entzündungshemmend und schmerzstillend. Nach Lachanfällen sind im Blut mehr Abwehrstoffe als sonst feststellbar, der Stresshormonspiegel sinkt, der Stoffwechsel wird angeregt, die Schmerzempfindung verringert sich. Lachen regt die Verdauung an, kräftigt Herz und Lunge und stärkt nachweislich das Immunsystem. Eine wahre Sauerstoffdusche für unser Gehirn! Prima.

Mehrere Studien haben ergeben, dass Menschen, die öfter lachen, seltener Herzinfarkte haben oder depressiv werden. Natürlich nur, wenn sie regelmäßig lachen.

Eine Minute lachen, so behauptet die Lachforschung, wirkt sich so positiv auf unsere Gesundheit aus wie zehn Minuten joggen. Dann laufe ich sicher jeden Tag Marathon, so viel wie ich am Tage lache!

Jetzt nicht lachen, bitte – oder doch?! Ich empfehle, morgens – allein im Badezimmer vor dem Spiegel – das Lachen einzuüben. Ja: einzuüben! Das geht wirklich prima, auch wenn überhaupt kein Grund vorhanden ist. „Hahahehehihi-hohohuuuuuuuuuu." Auch das tut gut.

Und bedenken wir: An einem Tag, an dem wir nicht lachen oder lächeln, oh weia, müssen die anderen unser Gesicht den ganzen Tag überleben! Die Wissenschaft behauptet sogar, wenn wir die Mundwinkel mehrmals nach oben ziehen, würde unser Gehirn die Botschaft ausgeben: „Oh, es geht dir besser."

Nein, ich empfehle das nicht nur anderen – ich versuche das an jedem Tag zu leben. Und glauben Sie mir, so ständig auf Tour zu sein, da ist es einem nicht immer zum Lachen zumute. So manche Sorgenfalte hat da schon mein Gesicht „geziert"! Die unglaublichsten Geschichten in Hotels, bei Veranstaltungen und auf der Straße hab ich schon erlebt, sodass ich alleine davon ein Buch füllen könnte. So geschehen an einem Montag, bevor ich dieses Kapitel zu schreiben begonnen hatte. Ich hatte eine Einladung von einer Sparkasse und Wirtschaftskammer in der Nähe von Innsbruck bekommen und ich freute mich sehr über diese Buchung aus Österreich. Siebenhundert Besucher hätten sich für meinen Vortrag angemeldet, hieß es, und wir alle waren in froher Erwartung.

Vor allem die Mitarbeiterin aus der Marketingabteilung der Bank, denn sie hatte mich vorgeschlagen. Als gläubige Christin hatte sie von mir in ihrem Hauskreis gehört und ihre Chefs überzeugen können, mich einzuladen. Und sie konnte auch die Wirtschaftskammer als Veranstalter mit ins Boot holen. Das ist für mich nichts Ungewöhnliches, aber für die Veranstalter wie Banken schon, eine Ordensschwester als „Keyspeakerin" einzuladen. Umso mehr war sie begeistert, dass sich so viele Interessierte angemeldet hatten. Für sie war das ein schöner Erfolg.

Als ich morgens früh erwachte, konnte ich kaum aus dem Bett krabbeln. Ein Hexenschuss machte es mir fast unmöglich und ich saß gequälten Blickes an meiner Bettkante. Na super! ☺ Das fängt ja klasse an. „Okay, Gott, wenn du mich heute so haben willst, dann steh mir bei!" Wir hatten beschlossen, früh zu starten, damit ich mich nach der langen Fahrt vor dem Auftritt am Abend erholen konnte. Die Fahrt über München und Kufstein nach Innsbruck erwies sich als ein unmögliches Unterfangen, überall waren lange Staus gemeldet. Also beschlossen wir, über Garmisch-Partenkirchen auszuweichen.

Statt der geplanten dreieinhalb Stunden brauchten wir über fünf Stunden – ☺. Am Ende eine Quälerei für meinen Rücken. Bei einer kurzen Rast in Garmisch stellte sich kurz vor vierzehn Uhr heraus, dass die versprochene Bestätigung vom gebuchten Hotel in Innsbruck nicht eingegangen war. Ich rief also das Hotel an, in dem ich vorher in zwanzig Minuten Telefonat mit der netten Dame an der Rezeption die Zimmer gebucht und alles besprochen hatte.

„Hier liegt keine Zimmerreservierung auf diesen Namen vor." Wow. ☺ So was ist mir ja noch nicht passiert. Nun, alles Diskutieren half nichts.

So konnten wir nun also bereits um vierzehn Uhr in Innsbruck sein – waren nun aber ohne Hotel, um mich auszuruhen. Drei weitere Hotels, die ich dank Smartphone suchen konnte und anläutete, waren ausgebucht. Also rief ich meinen Veranstalter an, und der junge Mann aus der Sparkasse telefonierte gleich wegen der Zimmer in einem anderen Hotel. Ja, es gab etwas – aber mit dem Problem, dass dort erst ab sechzehn Uhr Personal vorhanden sei. Er würde für uns am Schalter des Hotels elektronisch per Kreditkarte die Zimmer buchen. Er beruhigte uns, dass schließlich nur hundert Meter entfernt von diesem Hotel ein Café sei, wo wir uns stärken könnten. Dafür waren wir dankbar: Wir hatten kaum Proviant dabei, weil wir mit einem Mittagessen im ursprünglich gebuchten Hotel in Innsbruck gerechnet hatten (mit reserviertem Tisch!). ☺ Direkt nach Ankunft und elektronischer Anmeldung am Hotel-Schalter fuhr ich zum Café, denn nach fünf Stunden rebellierte inzwischen auch meine Blase.

Direkt, als ich das Café betrat, teilte man mir mit, dass jetzt geschlossen würde ☺. Zum Glück durfte ich mich dort wenigstens noch erleichtern, denn das Hotel war ja wie erwähnt erst ab sechzehn Uhr zu betreten. Der freundliche junge Mann des Veranstalterteams telefonierte wieder, und wir sollten ihm zu einer Alternative nachfahren.

Ich schluckte, als wir in die riesige Parkgarage eines Einkaufszentrums fuhren. Hatte er nicht verstanden, dass ich zurzeit nicht weit laufen konnte mit meinem Hexenschuss? ☺ Gegenüber der Aufzüge im ersten Stock bekamen wir eine Kleinigkeit zu essen und erfuhren, dass heute Abend im obersten Stockwerk auch der Vortag im Festsaal wäre. Es war mittlerweile schon kurz vor vier. Sollten wir nicht gleich dableiben? Aber ich musste mich dringend frisch machen, also zurück zum Hotel. Jetzt lächelte uns ein freundlicher Mann an der Rezeption an und ich humpelte an ihm vorüber in der Gewissheit, dass ich ja in der Nähe des Aufzugs mein Zimmer haben würde. Darum hatten wir ja gebeten. HAHA. Schweißgebadet kam ich am letzten Zimmer des langes Flures an … und mein guter Begleiter Pfarrer Franz genau ein Stockwerk darüber in der anderen Ecke seines Flures. Na super! ☺

Viel Zeit blieb nicht, denn um siebzehn Uhr sollte ich schon beim Veranstalter im Einkaufszentrum im obersten Stock sein. Also gleich den ganzen Weg wieder zurück. „Wenn so viel schief ging bis jetzt, dann will sicher einer was verhindern", sagte ich schon im Auto zu Pfarrer Franz. „Heute wird sicher ein großer Abend", und ich sollte recht behalten.

Als ich den Fahrstuhl betrat, wusste ich, dass ich oben nur nach links gehen musste, um gleich im Saal zu sein. Denkste. Die Tür war noch verschlossen. ☺ Wie könnte es heute auch anders sein?! Also humpelte ich den Weg hinaus über eine Terrasse zum Haupteingang.

Die bezaubernde Mitarbeiterin, der ich verdankte, eingeladen worden zu sein, empfing mich freudestrahlend, und ich schloss sie gleich in mein Herz. Was für eine liebevolle Frau und Christin! Und da sie schon länger meine App mit meinen täglichen Botschaften hatte, waren wir uns gleich vertraut. Es tat ihr so leid, was mir an diesem Tag alles widerfahren war und dass ich so versucht wurde. Zwischendurch war mir wirklich zum Heulen zumute. Aber ich versuchte das Beste daraus zu machen. Mir tat ihre Gegenwart gut und ich dachte, nun kann ja nichts mehr geschehen. Ich bin angekommen, wenn auch lädiert, aber ich bin da. Und bald sollte auch meine allerliebste Freundin mit ihrer Tochter aus Südtirol eintreffen, die gerne die zweistündige Fahrt auf sich genommen hatte, um Pfarrer Franz beim Buchverkauf bei einem so großen Event zu helfen. Wie sehr ich heute ihre liebevolle moralische Unterstützung brauchte!

Jetzt ist ja alles gut, dachte ich, und der Techniker umsorgte mich professionell. Nach dem Pressefoto mit den wichtigsten Personen von Sparkasse und Wirtschaftskammer blieb ich einfach auf dem kleinen Podest sitzen und beobachtete, wie die vielen Besucher den Saal füllten. Viele lächelten mich an oder schauten erwartungsvoll. Was wird die dicke kleine Schwester uns heute vom „Befreienden Umgang mit Fehlern" wohl sagen? Die Erwartungen waren sehr groß, aber Gott sei Dank war ich inzwischen völlig ruhig und gelassen. Wenn ich mich nicht viel bewegte, ging es sogar meinem Rücken gut.

Ich freute mich einfach, angekommen zu sein, und dachte, dass heute nichts Unerwartetes mehr eintreten würde. Der Geschäftsführer der Bank begrüßte mich freundlich mit den Worten, „dass mir ein so großer und positiver Ruf vorausging und dass er sich sehr auf diesen Abend freute". Es ging los und ich begann. Nach der langen Sommerpause hatte ich vorher Bedenken, ob ich meinen Vortrag ohne Konzept noch auswendig wusste, ich rede ja immer frei, aber diese Sorge war unbegründet. Erst einmal in meinem Element, war alles noch da, womit ich die Menschen erfüllen und erfreuen wollte. Wie dankbar war ich über die liebevollen Dankesworte am Schluss! Und als sich der ganze Saal beim Applaus erhob, hätte ich weinen können. Standing Ovations in dieser Kulisse. Ach, wenn ihr nur wüsstet, wie mir das heute guttut. Danke, danke, danke.

Mein Vortrag hatte berührt und ich musste noch lange Bücher signieren und Fotos machen. Als der Saal wieder leer war, tapste ich glücklich zum Ausgang. Nach all der vielen Anspannung saßen wir dann in kleiner Runde mit meinen Liebsten aus Südtirol ein Stockwerk tiefer im Café vom Nachmittag und aßen eine Kleinigkeit. Es war Zeit zum Aufbruch, und nach kurzer Verabschiedung in der fast leeren Tiefgarage wollte ich nur noch ins Bett. Ja, ja, ich weiß schon, der Weg zum letzten Zimmer am Ende des Flures stand mir noch bevor. Aber auch dafür wirst du, Gott, mir die Kraft geben! Als wir aus der Tiefgarage fuhren, glaubte ich meinen Augen nicht zu trauen. Polizeikontrolle. ☺ Das gibt's doch einfach nicht! Ich kann mich kaum erinnern, je in eine Polizeikontrolle zu geraten zu sein. Bitte, Gott, lass es nicht zu lange dauern. „Führerschein und Fahrzeugpapiere!" Die hatte ich griffbereit. „Schwester Teresa ...", sagte der Beamte, als er meinen Ausweis betrachtete, „... haben Sie heute schon Messwein getrunken?"

Ich muss sehr verdutzt geschaut haben. „Nein", sagte ich, „heute nicht."

Er ließ uns weiterfahren. Meine Freundin und ihre Tochter, die hinter uns herausgefahren waren, wurden nicht kontrolliert.

Als ich endlich in meinem Zimmer ankam und nach siebzehn Stunden wieder im Bett lag, war es schon fast Mitternacht. Als ich den Tag überdachte, musste ich nur noch lachen. Schallend lachen. Was für ein langer, unglaublicher Tag. So manche Sorge gehabt und andere Katastrophen erlebt.

Da entdeckte ich eine Nachricht auf Messenger, von einem Geschäftsmann, der mich heute Abend gehört hatte und eine

Freundschaftsanfrage gestellt hatte. „Liebe Sr. Teresa. Sie haben heute viel Licht in mein Leben gebracht. Ich danke Ihnen von ganzem Herzen dafür."

Oh ja, es lohnt! Es lohnt sich, jeden Tag hinauszufahren, mag kommen, was mag. Mag alles schiefgehen. Jede Herausforderung ist eine neue Chance, zu wachsen und zu lernen und zu leben!

Wieder lachte ich seufzend und müde in mein Kissen und wollte mit einem letzten Gebet den Tag beschließen, als noch eine Nachricht reintickte. Nee, wer schreibt denn jetzt noch?! Ich lugte auf mein Handy und sah, dass eine ganz liebe Freundin aus Österreich mir schrieb. Sie würde nicht um diese Zeit schreiben, wenn es nichts Wichtiges wäre. Als ich ihre Zeilen las, war ich sofort wieder hellwach. Ich glaubte es kaum.

„Bitte bete! Von Samstag auf Sonntag in der Nacht hat ein dreifacher Familienvater ein Paar auf dem Nachhauseweg übersehen und angefahren. Die Frau war sofort tot und der Mann wurde ins Krankenhaus gebracht. Der Fahrer sah keinen anderen Ausweg und nahm sich das Leben, indem er sich vor einen Schnellzug warf. Er lässt seine Frau mit drei kleinen Kindern zurück. Wir sind einfach sprachlos."

Ich war es auch. Was für eine Tragödie. Mit Tränen in den Augen empfand ich alle meine Pannen, Sorgen und Katastrophen so belanglos und lächerlich. Was für ein schreckliches Ende dieses Tages.

Lange war ich noch wach und betete. Mir blieb nichts anderes übrig, als Gott diese Menschen anzuvertrauen. Das war zu groß für mich. Dafür war Gott zuständig. „Vater, nimm dich aller dieser Menschen an und steh ihnen bei in deiner Liebe. Was wir nicht vermögen, das schaffst du … und verzeih mir jeden Seufzer heute." Sofort schlief ich ein. Seit dieser Nacht bete ich für die Betroffenen.

Nein, uns ist nicht immer zum Lachen zumute, das weiß

ich ganz genau. Und manchmal weine auch ich vor Erschöpfung. Aber deshalb ist nichts weggenommen von meiner Botschaft, mehr zu lachen. Ich brauche kein schlechtes Gewissen zu haben. Mir hilft das Lachen immer mehr, und ich will dabei weiter lernen.

Als Erwachsener, so eine Studie, lachen wir, wenn es hochkommt, dreißigmal am Tag. Als Kind haben wir dreihundert- bis vierhundertmal gelacht – mindestens zehnmal mehr!

Ich habe selbst am eigenen Leib erfahren, dass ich widerstandsfähiger, gesünder und konzentrierter leben kann, wenn ich mehr lache und wenn eine heitere Atmosphäre herrscht. Das steckt auch andere an. Wenn Sportler trainieren müssen, um fitter zu werden, warum trainieren wir nicht das Lachen, wenn doch die positiven Auswirkungen inzwischen wissenschaftlich bestätigt sind? Lachen wir uns fit! Das wäre doch was, selbst was für Sportmuffel, weil es ganz leicht ist. Setzen Sie sich entspannt hin und fangen Sie an, die Mundwinkel bis zu den Ohren zu ziehen. Lächeln Sie weiter und fangen Sie an, spontan zu lachen. Ich weiß, Sie kommen sich gerade völlig idiotisch vor. Grins. Macht gar nichts!

„So ein Quatsch", denken Sie vielleicht. Stimmt. Erlauben Sie sich, mal wieder Quatsch zu machen. Es löst sofort Blockaden auf und ist, nachdem Sie laut gelacht haben, wie eine Frischzellenkur.

Das könnten Sie auch in einem überfüllten Bus oder Zug probieren. Fangen Sie an zu lachen, ich verspreche Ihnen, Sie sind bald nicht alleine. Ihre Lachfalten machen Sie wunderschön und sympathisch.

Lachen kann sogar Krankheiten heilen. Ich erzähle in meinem Vortrag beim Thema „Humor" die Geschichte vom Journalisten Norman Cousins, der vor dreißig Jahren die heilende Wirkung des Lachens entdeckte. Er überwand durch eine selbst ausgeklügelte Lachtherapie und mit seiner positiven Einstellung seine als unheilbar geltende Erkrankung des Knochengewebes. Man gab ihm damals nach der Diagnose nur sechs Monate Überlebenszeit. Nachdem ein Kollege ihm zur Aufmunterung und Ablenkung Komödienfilme brachte, machte er eine bahnbrechende Entdeckung. Nach seinen Lachanfällen konnte er phasenweise gut schlafen und spürte, wie seine Schmerzen jeweils für eine begrenzte Zeitspanne nachließen und die Entzündung in den Gelenken allmählich zurückging. Er nahm sich vor, möglichst viel und kräftig zu lachen. Dazu schaute er sich täglich lustige Filme an und ließ sich witzige Bücher vorlesen. So wurde Cousins wieder völlig gesund. Er schloss sich mit Forschern und Medizinern zusammen, und durch den Erfolg ermutigt, beschäftigte sich die Wissenschaft intensiver mit der Lachforschung, die Gelotologie genannt wird (gelos = Lachen). Mittlerweile mit großartigen Ergebnissen.

Meine Güte, wie kann ich Gott nur für diese „wunder"-bare Heilung danken! Lachen kann wirklich gesund machen. Wie liebe ich diesen Gott des Lebens, der uns solche heilenden Kräfte und Möglichkeiten verliehen hat. Der uns immer beisteht, uns nie alleine lässt. Der in Freud und Leid uns nahe ist.

Der selbst so viel Humor haben muss, um das Lachen in uns als eine angeborene emotionale Ausdrucksfähigkeit zu erschaffen – die grundlegendste Kommunikationsform von uns Menschen. Wir drücken unsere Sympathie und gegenseitiges Einverständnis mit einem liebevollen Lächeln aus. Es besänftigt uns, es macht uns glücklich. „Für alles gibt es eine Stunde", sagt Kohelet, „... eine Zeit zum Weinen und eine Zeit zum Lachen."

Danke, guter Gott, für die gesundmachende Fähigkeit zu lachen. Hilf uns, immer öfter zu lachen, und wandle manche Sorgenfalte in eine bezaubernde Lachfalte!

Lach dich gesund.
Öffne den Mund.
Grinse dich frei.
Alles geht vorbei.

Lach dich munter.
Das Leben wird bunter.
Freu dich am Leben.
Es ist dir gegeben.

Lach dich fit.
Nimm andere mit.
Entfache ein Lachen,
um andere froh zu machen.

Lach dich nach oben.
Die Hölle kann toben.
ER hat uns befreit.
Nimm zum Lachen dir
Zeit.

# 8. Mutmachworte und -gedanken

*... und plötzlich können Gedanken fliegen*

War diese außergewöhnliche Heilung nicht schon eine wunderschöne Mutmachgeschichte? Lachen heilte einen schwerkranken Mann. Er lachte sich im wahrsten Sinne des Wortes gesund und dachte nicht mehr ständig an seine Krankheit, an seine Lebenssorge. Und mit seiner Entdeckung in Sachen Lachen krempelte er die herkömmlichen Auffassungen in der Medizin ganz schön um! Mir kommt Norman Cousins unglaublich stark vor.

„Wenn es nur so einfach wäre!", höre ich unzählige Menschen im Geiste einwenden. Wie oft höre ich diesen Satz: „Wenn es nur so einfach wäre ... zu lieben, dem anderen zu vergeben, neu anzufangen, geheilt zu werden oder gar sich gesund zu lachen."

Niemand hat je gesagt, dass es einfach ist! Das ist es nicht. Das Leben ist schwer und schwierig und unglaublich kompliziert und mitunter mühevoll, belastend und kann grausam und enttäuschend sein. Stimmt. Ich nehme Ihre Sorgen und meine Sorgen sehr ernst. Alles, was Sie belastet oder worunter Sie gerade leiden, tut mir unendlich leid. Ich wünschte Ihnen so sehr, dass Ihre Beziehungen einfacher und liebevoller wären. Ich wünschte, Ihre Kinder würden einen wunderbaren Weg gehen, die Schule oder das Studium oder die Sonderschule schaffen, eine gute Ausbildung erhalten und tüchtige Menschen werden. Ich wünschte, niemand würde Sie ablehnen oder verachten oder Ihnen das Leben zur Hölle machen.

Ich wünschte, dass Sie nie Geldsorgen haben oder Ihren Arbeitsplatz verlieren. Ich wünschte, Sie würden nie bedrohlich krank oder müssten am Grab Ihrer Kinder oder Liebsten stehen. Ich wünschte, Sie wären alle gesund, könnten jeden Tag einer guten Arbeit nachgehen, die Ihnen Freude macht. Ich wünschte, Sie müssten nie den Schmerz einer Trennung durchleiden oder verlassen werden. Ich wünschte Ihnen, dass Sie nie belogen, betrogen, missbraucht wurden, in Gefahr oder in einen Unfall geraten. Ich wünschte Ihnen, dass Sie nie mutlos, nie traurig, nie depressiv werden. Ja, ich wünsche Ihnen nur das Allerbeste, was Ihnen das Leben bieten kann. Gottes zärtlichen Beistand und Seinen mächtigen Segen. Ihren Kinderwunsch, Ihren Urlaubswunsch, Ihren Lebenswunsch.

Wenn ich das könnte, meine Güte, ich würde Ihnen alles erdenklich Gute erfüllen, dass Sie froh und sorgenfrei leben könnten. Leider liegt es nicht in meiner Macht und in meinem Vermögen. Ich kann und ich möchte Ihnen aber Mut machen! Mut machen, einen kleinen, guten, ersten Schritt zu machen.

Dieser Schritt kann ein Gedanke, ein Wort, eine Tat, eine Entscheidung oder ein Gebet sein. Es kann eine Veränderung sein, die Sie lange vor sich herschieben, oder ein Wagnis. Wenn wir uns der nächsten Sorge nämlich etwas mutiger stellen, kann sie eine Herausforderung sein – und kein unüberwindbarer Berg, denn wir bekommen ungeahnte Kraft und Hilfe. Oft sind wir durch unsere Sorgen und Probleme so eingeschüchtert und unser Selbstwertgefühl schrumpft auf eine so kleine, winzige Größe, dass wir uns selbst nicht mehr finden oder uns zu wenig zutrauen. Ich möchte Ihnen Mut machen, in Ihrer Situation Gott zu vertrauen! Manchmal sind Seine Zeichen ganz klein … und manchmal musikalisch. Das Lied von meinem lieben Freund, Autor und Liedermacher

Fabian Vogt hat mir schon so oft geholfen, wenn ich mutlos geworden bin. Er ist für mich ein ganz großer Künstler und Theologe in der evangelischen Kirche, mit dem ich schon viele gemeinsame Auftritte hatte. Das Lied „Du schaffst es" macht mir Mut, gerade weil ich weiß, dass Fabian selbst Gott in Zeiten vertraut hat, als das Schicksal ihm „den Boden unter den Füßen" weggerissen hat. Da hat sich gezeigt, dass sein Glaube fähig war, ihn zu tragen. Das macht es für mich so glaubhaft und ermutigend: „Du schaffst es!"

Bitte lass dich jetzt nicht hängen!
Jeder setzt mal was in 'n Sand,
wenn die Wege sich verengen,
fühlst du dich schnell ausgebrannt.
Bitte lass dich jetzt nicht hängen,
hey, du bist doch sonst nicht so!
Dass die Zweifel dich bedrängen
ist noch lange kein K. o.

Keiner kann dir Zukunft rauben,
auch kein großes, schwarzes Loch.
Du willst nicht mehr an dich glauben,
aber ich, ich tu es doch:

**Ich weiß, du schaffst es!**
**Du kommst da wieder raus.**
**Ich weiß, du kannst es!**
**Bald sieht alles anders aus.**
**Ist die Angst erst überwunden,**
**ist der Rest ein Kinderspiel.**
**Hast du erst mal Mut gefunden,**
**kommst du sicher bis zum Ziel.**

Bitte, lass dich jetzt nicht hängen,
red dich da nicht weiter rein.
Du gewinnst doch oft um Längen,
und so wird es wieder sein.
Es liegt auch in deinen Händen.
Hör gut zu: Nur wer vertraut,
kann die Wege auch vollenden.
Glaub es mir, ich sing es laut:
**Ich weiß, du schaffst es ...**

Denk mal zurück,
ist denn dein Glück
wirklich gar nicht mehr da?
Halt dich daran
und glaube daran:
Gott ist dir schon ganz nah!
Ich weiß, du schaffst es …

*Fabian Vogt*


„Ist die Angst erst überwunden, ist der Rest ein Kinderspiel. Hast du erst mal Mut gefunden …" Es ist schon eigentümlich, wie schnell wir uns selbst durch Kleinigkeiten verunsichern lassen, wo wir sonst so selbstständig und selbstbewusst durch das Leben gehen. Wenn alles gut läuft, möchten wir gar nicht, dass uns jemand dazwischenfunkt oder das Ruder übernimmt. Wir wollen uns durchsetzen und selbstbestimmt auftreten. Aber dann, wenn Sorgen uns übermannen, sind wir erst einmal hilflos. „Not lehrt beten", sagt ein Sprichwort, und manches Stoßgebet wird auch von Menschen gebetet, die ansonsten mit Kirche oder Glauben nicht so viel zu tun haben wollen. „Aber wenn gar nichts mehr geht, hilft vielleicht doch dieser Gott."

Ich weiß noch, wie mich mein Bruder mit einem Anruf überrascht hat, als er mir erzählte, dass ein herzliches „Mein Gott" ihm geholfen hätte. Er ist studierter Philosoph und eigentlich ein überzeugter Atheist, aber eine schlimme Entzündung am Fuß streckte ihn tagelang nieder. Für einen Berufstennislehrer eine Katastrophe. Nichts half, keine Medikamente, keine Umschläge. Da betete er in seiner Not, wenn auch unsicher, ob Gott ihm helfen würde. Er räumte ihm ein, dass er mit ihm ja eigentlich nichts zu tun hätte, weil er ja nicht wisse, ob es ihn gäbe, und er auch nicht versprechen könnte, dass er anschließend sein Leben ändern würde. Aber wenn ER doch ihm helfen würde, wäre es sehr nett von ihm. Am nächsten Morgen wachte er auf und war völlig schmerzfrei. Er nickte bewundernd Richtung Himmel. Seinen Gesichtsausdruck konnte ich mir so richtig vorstellen, wenn er über etwas staunte. Ich musste laut lachen und freute mich unglaublich, als ich seine Gebetserfahrung hörte. „Warum sollte Gott dir nicht helfen?", sagte ich zu ihm, „du bist sein Menschenkind, ob du an ihn glaubst oder nicht."

Natürlich könnte ich mir jetzt schon vorstellen, dass manche Gläubige ihre Probleme damit hätten, wieso Gott jemandem hilft, der nicht mal in die Kirche geht und auch nicht vorhat, in die Kirche zu gehen. Ist das nicht unfair? Wo so viele Gebete von gläubigen und praktizierenden Christen anscheinend nicht erhört werden? Kann man da nicht ins Zweifeln kommen? Vielleicht stimmt das ja alles gar nicht mit dem „lieben Gott, der alles kann", sonst hätte ER das oder jenes nie zugelassen? Gott müsste doch ein „Alleskönner" sein, ein „göttlicher Zauberer", ein „Mädchen für alles", ein „Allmächtiger", der das ständig unter Beweis stellt.

Muss er ...? Und was wären wir dann? – Zu nichts imstande, ohnmächtig, klein und nutzlos. Nur Marionetten in Gottes Hand.

„ER hilft nur, wem ER will, und anscheinend nur wenigen auserwählten Menschen" – stimmt das denn?

Nein, das glaube ich nicht. Das wäre ein diktatorischer Imperator, der nur nach eigenem Ermessen und nach Beliebigkeit hilft. „Allmächtig ist er nicht in erster Linie, weil er alles kann, sondern weil er absolut verlässlich ist", sagt Gerhard Fuchs. „Wer an ihn glaubt, tut das in Freiheit und schreibt seinem Gott nicht vor, was er zu tun hat."

Gott entmündigt uns nicht und schätzt unsere Freiheit.

Für IHN ist diese Freiheit die größte Würde, die er uns schenken kann. Er kommt nur in unser Leben, wenn wir IHM das erlauben und IHN machen lassen. Und dennoch: „Gott beantwortet das Gebet auf seine Weise, nicht auf die unsrige", sagte Mahatma Gandhi.

So erfahre ich ihn: Gott ist einer, der mit uns leidet und auf den ich mich verlassen kann. Er fordert uns auf mitzudenken, mitzuhandeln, mitzutun.

Er ist treu und ER liebt. ER liebt alle Menschen, ohne Ausnahme. Sein Angebot steht allen offen. Niemand soll verloren sein. Niemanden weist ER ab.

Aber ein wenig Geduld müssen wir aufbringen! ER ist uns keine Rechenschaft schuldig. Gott will allen Gutes geben – aber wir haben keine „Ansprüche". So wie in dem Gleichnis von den Arbeitern im Weinberg. Da bekommt der eine, der nur eine Stunde gearbeitet hat, den gleichen Lohn wie die anderen, die den ganzen Tag geschuftet haben. Obwohl die, die lange gearbeitet haben, genau den Lohn bekommen, der vorher ausgemacht war, wird gemurrt. Menschlich nachvollziehbar. Gott sieht aber auch den anderen Tagelöhner, wie er den ganzen Tag nach Arbeit gesucht hat, nichts gefunden hat und seine Familie auch ernähren muss. Er sieht mit seinem barmherzigen Herzen. Gott ist unberechenbar gut – und gern gibt ER mehr, als wir verdienen. Wir sehen nur sehr begrenzt, oftmals kleinlich und sehr oft nur uns selbst. Gott sieht so viel mehr.

Unser Verstand wird nie fähig sein, Gott und seine Gedanken zu verstehen. Das können wir nicht und das müssen wir auch nicht. Oder wie Albert Einstein sagte: „Falls Gott die Welt geschaffen hat, war seine Hauptsorge sicher nicht, sie so zu machen, dass wir sie verstehen können." Was wir aber von Gott durch die Bibel, Seinen Sohn und die vielen Zeugen des Glaubens wissen, ist dieses: Er ist ein Liebender, und weil ER liebt, ist ER auch ein Ohnmächtiger. ER kann nicht ständig eingreifen und uns vor jeder falschen Handlung bewahren. Was wäre das für eine Freiheit, würde am laufenden Band eine Hand von oben niederfahren! Dann wären wir tatsächlich Marionetten. So wie Eltern ihr Kind nie vor allem beschützen können, kann Gott es auch nicht. Wir müssen den Kindern das Leben zutrauen und Gott traut es uns auch zu.

Wir entscheiden uns aber manchmal, unsere eigenen Wege zu gehen, und nicht selten sind es auch die falschen Wege. Ein Wort ist schnell dahergesagt. Schnell ist etwas verschwiegen. Ein Termin verbockt. Jemand einfach übersehen. Das Tröstliche, das Trostreiche, das Ermutigende jedoch ist: ER geht den Weg bis zum Schluss mit uns.

Hab Mut! Mut kommt vom Wort „sich mühen". Wir müssen auch das Neue, die Veränderung, die Versöhnung, die Heilung wollen, sie suchen, uns um sie mühen. Tja, manchmal müssen wir etwas dafür tun. Eben weil wir keine Marionetten sind.

Mutig sein heißt für mich, nicht einem „Sündenbock" die Schuld dafür geben, dass ich mich in einer schwierigen Situation befinde oder mir im Vergleich zu anderen benachteiligt vorkomme. Mut heißt für mich, die Verantwortung zu übernehmen und mich nicht von anderen abhängig zu machen. Wir sind nicht nur ausgeliefert, wir haben oft genau das gewählt, worunter wir jetzt leiden. Vielleicht war es eine falsche Wahl. Wir können uns selbst bemitleiden, aber helfen tut uns das nicht wirklich!

Für wie viel Sorgen und Frust haben wir selbst gesorgt und nun wissen wir nicht weiter. Wissen Sie was? Das passiert wirklich jedem von uns. Deshalb braucht keiner ein schlechtes Gewissen zu bekommen. Wir alle haben uns schon mal verrannt oder eine schlechte, unüberlegte Entscheidung getroffen oder mal was Falsches gesagt. Aber das Dümmste, was wir uns antun können, ist, deswegen dauerhaft unglücklich zu sein.

Lassen wir die Gedanken fliegen! Zu IHM fliegen – und fangen wir damit heute, am besten jetzt, an! Das ist ein guter Neuanfang: Bitten wir Gott, aus unserer Sorgengeschichte eine Mutmachgeschichte zu machen. Haben wir Mut zum Vertrauen. Und sabotieren wir nicht Gottes Wirken, indem wir IHN um Hilfe bitten, aber doch zweifelnd ein „Ja, aber ..." denken. Wagen wir Vertrauen. Ohne „Aber".

Übrigens ... ist „Aber" das am meisten benutzte entmutigende Wort, auch im Zwischenmenschlichen: „Aber". Ein echtes Sorgen-Wort!

„Sich Sorgen zu machen ist wie im Schaukelstuhl zu sitzen. Es beschäftigt einen, bringt einen aber nirgendwo hin", meint Glenn Turner. Und er hat recht. Lassen wir lieber unsere Gedanken fliegen! Trauen wir uns, mal einen halben Tag oder eine halbe Stunde lang nicht mehr über unsere Sorgen nachzudenken. Gönnen wir uns eine kleine Auszeit von unseren Sorgen!

Haben wir den Mut, mutig zu vertrauen – und haben wir den Mut, ängstlich zu sein! Wir haben doch einen Adressaten dafür. Stellen wir uns der Angst und werfen sie in den Himmel. „Schick dein Gebet zum Himmel", heißt es in einem Lobpreislied.

Mein ganz persönliches Mutmachwort stammt aus den Psalmen und Texten, die wir täglich beten, und zwar aus dem Buch Jesaja:

„Fürchte dich nicht, denn ich stehe dir bei; hab keine Angst, denn ich bin dein Gott! Ich mache dich stark, ich helfe dir, mit meiner siegreichen Hand beschütze ich dich!" (Jes 41,10).

Ein Wort des Allmächtigen und Barmherzigen. Auf dieses Wort vertraue ich. Das macht mir Mut. Damit fülle ich meine Gedanken, wenn ich am Boden bin.

Ich weiß, dass ich nichts Positives erwarten kann, wenn ich Negatives denke. Ich will Mut schöpfen und auch von mutigen Menschen lernen, die in bedrängten Situationen ihres Lebens Gott vertraut haben. So wie Dietrich Bonhoeffer, der fähig war, aus dem Gefängnis heraus zu schreiben: „Ich glaube, dass Gott aus allem, auch aus dem Bösesten, Gutes entstehen lassen kann und will. Dafür braucht er Menschen, die sich alle Dinge zum Besten dienen lassen." Danke, Gott, für Dietrich Bonhoeffer!

Ich will von Menschen lernen, die täglich ihr Leben meistern und oft große Herausforderungen bewältigen müssen. Wie unsicher war ich in jenem Jahr, als ich bei einem Benefizkonzert in der „Woche für das Leben" für „Familien mit behinderten Kindern" für die Diözese Eichstätt in Ingolstadt eingeladen wurde – und zwar für die Moderation! Der Bischof wäre am Anfang dabei und eine Bigband aus Ärzten, die „GO-IN-Band", würde spielen. Moderieren mache ich gewöhnlich nicht, allein mein Vortragsprogramm, Predigten und Gottesdienste brauchen in jedem Jahr all meine Kapazität und Kräfte. Einfach noch was hineinzuschieben … und dann mit dieser anspruchsvollen Thematik von Lebensschutz, Kinderwunsch, Schwangerschaft und Pränataldiagnostik … sprich: menschlichen Grenzerfahrungen … und dann noch Liedansagen und Würdigungen und dazu noch selbst eine gute Botschaft bringen (zwei Impulse, bitte!) und alles richtig gut verpacken, das erschien mir einfach nicht auch noch zu bewältigen. Weil ich „eine wunderbare Botschafterin, lebensbejahend und begeisternd wäre", sei man auf mich gekommen. Tja, aber alleine die Vorbereitung und das Hineinlesen in Sachen Pränataldiagnostik, wann sollte ich die Zeit dafür aufbringen?!

Mein Mut sank, ich traute es mir einfach nicht zu. Außerdem hatte ich am selben Tag vormittags noch einen Vortrag auf der Schwäbischen Alb und musste schauen, dass ich es verkehrstechnisch schaffe, pünktlich in Ingolstadt zu sein. Meine Sorgenfalten wurden täglich tiefer. Nun, die liebenswerte Diözesanreferentin aus Eichstätt, die auch Teresa hieß, ließ einfach nicht locker, besuchte mich sogar, und am Ende sagte ich doch schweren Herzens zu. „Oh Gott, du musst mir beistehen!" Ich möchte doch die Familien ermutigen, will, dass der Abend gelingt und viele Spenden eingehen. Ich war nicht aufgeregt wegen des Auftritts, sondern unsicher, ob ich die richtigen Worte finden würde. So saß ich schließlich da oben auf der Bühne. Neben und hinter mir im Rücken die fantastischen musikalischen Ärzte, vor mir das Publikum mit all den Erwartungen. Der Bischof begrüßte mich, übergab mir das Wort und es ging los. Ich hatte eine bezaubernde junge Assistentin, die neben mir saß, und als die großartige Band spielte, schloss ich meine Augen und übergab alle Sorgen meinem Gott. In diesem Moment bekam ich eine Gänsehaut, es schüttelte mich richtig, und mir wurde schlagartig und wie neu klar, dass es nicht um mich und meine Sorgen geht! Es geht um sie – die Familien, die Tag für Tag mit der Herausforderung eines Kindes mit Behinderung zurechtkommen müssen. Seit sie während der Schwangerschaft davon erfahren haben, was haben sie alles durchgestanden? Was müssen sie täglich durchstehen und allen Mut zusammennehmen, um sich und ihrem Kind in unserer oft kalten und harten Gesellschaft einen respektvollen Platz zu sichern? Und nun haben sie großartige Kinder – aber nicht alle können die Kinder mit den liebenden Augen der Eltern sehen. Können nicht sehen, was für ein wunderbares und einzigartiges und kostbares Menschlein da aufwächst.

„Teresa – liebe und mach ihnen Mut", hörte ich eine sanfte Stimme in meinem Innern. Alle Unsicherheit war verflogen. Als am Ende der Veranstaltung ein Vater sagte: „Sie haben auf eine so wunderbare Weise erklärt, was ‚normal sein‘ ist, das werden wir nie wieder vergessen", hatte ich Tränen in den Augen. Ich begriff gar nicht, wie die heiteren, tiefen, betörenden musikalischen Stunden vergingen und was ich alles gesagt hatte. Als ich aus dem Hof rausfahren wollte, kam ich bei einem der Ärzte vorbei, der mit seiner Frau gerade die Instrumente ins Auto packte. Ich ließ das Fenster hinunter und bedankte mich für die großartige Musik. Da sagte die Dame: „Schwester Teresa, das war so ... Immer wenn Sie gesprochen haben, stand die Zeit still. Und als es weiterging, war es ermutigender. Danke!" Wieder schossen mir Tränen in die Augen. Mein Gott, du warst das. Du ganz alleine. Du hast den Abend mit deiner Liebe erfüllt und die Zeit hat stillgestanden. Ich war dabei wirklich völlig unwichtig. Danke, guter Gott, für diese Einsicht. Du hast uns alle ermutigt, mich eingeschlossen!

Ich weiß, dass ich manchmal ein tapferer Feigling bin und immer wieder dazulernen kann – und so trete ich vor meinen Gott und vertraue ihm auch weiterhin. Und mache so viele gute Erfahrungen, die ich Ihnen auch von Herzen gönne!

Ich wünsche Ihnen Mut machende Gedanken und Worte, Mut machende Menschen an Ihrer Seite und Mut machende Ereignisse – kommen Sie gut durch den Tag, durch diese Woche, durch das nächste Gespräch oder eine sorgenbesetzte Zeit!

Ich will sehen,
was passiert,
wenn ich nicht aufgebe!

Ich will erleben,
was geschieht,
wenn ich vertraue.

Ich will staunen,
was aus Sorgen wird,
wenn ich sie Gott überlasse.

Ich will mutiger werden,
was auch immer passiert,
denn DU bist bei mir.

# 9. Die letzte Sorge

*Du bist mehr als das, was stirbt*

♥

Vor vielen Jahren waren wir bei einer Weinprobe mit lieben Freunden eingeladen. Der humorvolle Winzer erzählte uns die Geschichte von einem Kollegen, der im Sterben lag, und seiner Frau Kathrinchen:

Als der Pfarrer gegangen war, sagte der Sterbende zu seiner Frau: „Kathrinchen, es geht zu Ende. Jetzt gehst du in den Keller und holst unsere beste Flasche Wein. Ich habe sie aufgehoben für einen besonderen Anlass. Den trinken wir jetzt zum Abschied." Gesagt, getan. Kathrinchen holte die Flasche und sie tranken sie leer. Ihr Mann bat sie: „Hol noch eine Flasche." Auch das tat Kathrinchen. Sie goss ihrem Mann das Glas voll ein, sich selbst aber ganz wenig. Da fragte ihr Mann verstört: „Wieso gießt du dir nur so wenig ein? Willst du mit mir nicht das letzte Mal feiern?" Da sagte sie: „Du kannst morgen liegen bleiben, aber ich muss aufstehen!"

Fast am Schluss meines Buches angelangt, möchte ich mit Ihnen, lieber Leser, liebe Leserin, zu der menschlichsten und schwierigsten Sorge kommen, der niemand in diesem Leben ausweichen kann: der vor unserem Sterben und unserem Tod. Das ist wohl das Einzige, das wir nicht beeinflussen können, außer wir verlängern es ein wenig durch eine gesunde Lebensweise. Aber auch wenn du gesund lebst, irgendwann bist du tot. Leider sterben laut einer Todesursachenstatistik von 2017 die meisten Menschen in Deutschland wegen einer Herz-

Kreislauf-Erkrankung und Krebs, dann nach Stürzen, Vergiftungen oder Unfall und leider auch durch Suizid.

Alle müssen sterben. Das Pony, das Meerschweinchen, der Hund und die Zimmerpflanze. Weil uns ein Überlebensinstinkt angeboren ist, ist auch die Angst angeboren, auch wenn das Sterben vom Biologischen her die natürlichste Sache der Welt ist. Aber weil der Tod immer mehr aus dem gesellschaftlichen Leben verdrängt wird, haben wir viel weniger Berührungen damit im Alltag. Ein Paradox, weil wir doch täglich mit den massenhaften Berichten von Todesopfern in allen Medien konfrontiert werden. Wir verdrängen zu gerne, dass auch wir sterben könnten, und ignorieren die Unvermeidlichkeit des Sterbens. Wir leben oft so, als würden wir hier ewig leben, und sind entsetzt und schnell in Panik, wenn uns plötzlich etwas wehtut, unbekannte Schmerzen eintreten, eine Untersuchung bevorsteht oder wenn der Tod eines nahestehenden Menschen uns trifft.

Wir haben Angst, und das ist auch unser gutes Recht. Wir wurden nicht gefragt, ob wir leben wollen, und niemand fragt uns, ob es uns genehm ist zu sterben. Auch ich habe Angst gehabt, bis ich begonnen habe, mich damit auseinanderzusetzen. Für dieses Kapitel wieder neu. Mein Glauben und Vertrauen auf Gott hilft mir, mich meiner Angst zu stellen und mir einige Ängste auch „auszureden". Ja, was wir uns einreden, können wir uns auch wieder ausreden. Und das ist so tröstlich, denn mit dieser Ur-Sorge sind wir mit allen Menschen auf dieser Erde verbunden. So wird der Tod meistens aus unserm Alltag ausgeklammert und tabuisiert. Viele sind einfach hilflos und stehen befremdet einem Leichnam gegenüber, als wäre der Verstorbene mit einem Schlag – mit dem letzten Herzschlag – verschwunden. Früher war das ganz anders, man nahm sich für den wohl bedeutendsten Augenblick des Sterbens eines Menschen Zeit.

In einigen Fällen gibt es das immer noch. In der vergangenen Woche verstarb der Vater einer großartigen Freundin, den ich selbst sehr geschätzt habe. Sie fand ihn auf seiner Lieblingsliege. Als sie seinen Puls fühlte, wusste sie eigentlich sofort, dass er gegangen war. Notarzt und Rettungskräfte waren zwar in wenigen Minuten zur Stelle und versuchten ihn zu reanimieren, aber es war zu spät. Bei ihrem Familienunternehmen, einer riesigen Erlebnis-Raststätte, waren alle Rettungskräfte oder Rotes Kreuz immer sprungbereit. Doch bis sie eintrafen, nahm sie sich Zeit, ihrem geliebten Vater alles zu sagen, was er ihr bedeutete, wofür sie sich bei ihm bedanken wollte und wie wundervoll er war.

Der Hausarzt stellte dann den Tod fest. Lungenembolie. Ein ganz großer, gläubiger und großzügiger Mensch und Unternehmer war in sein ewiges Zuhause bei Gott gegangen.

Alle standen um Toni versammelt im Kreis, auch die Ärzte und Rettungskräfte, und sie beteten gemeinsam. Immer weitere Familienmitglieder, Kinder und Angehörige wurden gerufen und die ganze Nacht und die nächsten Tage wurde gebetet, gesungen und sich gegenseitig getröstet. Meine Freundin hielt ihren Vater im Arm und streichelte ihn sanft. In so einer Atmosphäre hat Angst keinen Platz mehr. Die Innigkeit der liebenden Verabschiedung half allen, ihren geliebten Ehemann, Vater, Opa und Freund gehen zu lassen.

Die Beerdigung war ein Ereignis an Anteilnahme, Ehrung und würdevoller Verabschiedung. Selbst Trucker und LKW-Fahrer waren angereist, und die herzzerreißende Rede eines Enkels machte deutlich, dass Toni der „Fels in der Brandung" für alle war. Vom einfachen Bauern zum Unternehmer, der so viele Arbeitsplätze für die ganze Region geschaffen hatte und jedem half, wenn er Hilfe brauchte. Der Sarg stand vor seiner geliebten Autobahnkirche und auch alle Angestellten konnten sich von ihm verabschieden. Und der Zug zum Friedhof und die vielen Mittrauernden berührten und trösteten die Familie und unzählige Menschen.

Toni liebte Rosen und er hatte sie oft voller Innigkeit gezeichnet. Wer ihn kannte, wusste es. Keine Rose wird einfach nur mehr eine Rose für seine Familie sein. Die Rose wurde zum Sakrament ihres Vaters. Er existiert durch sie, flüstert von seinem Lebensglück und begleitet hinfort die Fußspuren seiner Familie. In der Schönheit der Rose wird die Erinnerung und Schönheit ihres Vaters bleiben und die Dornen seines Temperamentes. Für sie wird er für immer in jeder Rose gegenwärtig sein. Für den Theologen Leonardo Boff und seine Familie war der letzte Zigarettenstummel seines Vaters etwas Ähnliches; etwas, das er so eindringlich schilderte, daran musste ich gleich denken.

Als meine Freundin mir von diesem behutsamen, feinfühligen und liebevollen Verabschieden ihres Vaters berichtete, rannen mir Tränen über die Wangen. Ich konnte fühlen, wie trostreich das für jeden Einzelnen der Familienangehören war, ihren „geliebten Toni" bei sich zu haben und ihn in Ruhe gehen lassen zu können. Der riesige Betrieb und das geschäftige Treiben einer so großen Autobahnraststätte gönnten sich eine Auszeit, ein Stillwerden, ein dankbares Innehalten im Gebet.

Wie viele Menschen versäumen geradezu dieses tröstliche Verabschieden, was doch den Schmerz des Verlustes erträglicher macht und nicht nur zur Bewältigung der eigenen Trauer, sondern auch zur Überwindung der Angst vor dem eigenen Tod beiträgt. Dem geliebten Menschen Zeit „zum Weggehen" zu lassen und sich selbst Zeit „zum Ankommen" zu geben, um der eigenen Endlichkeit bewusst zu werden, ist Trost und liebende Verbindung und tiefste Dankbarkeit. Es ist so traurig, wie dieser Prozess mittlerweile bei uns verkürzt wird und die heilsame Erfahrung von der bleibenden Verbundenheit mit dem Verstorbenen verloren geht. Man ging früher instinktiv davon aus, dass ein sterbender Mensch nicht gleich weg ist aus unserer Mitte, sondern dass er sich langsam aus unserer Nähe und aus unserer Welt zurückzieht und wir ihn mit unserer Zuwendung und unserem Gebet hinausbegleiten können. „Wer auch immer heimkehrt zum Vater, bleibt in der Familie." Welche tiefen, schönen Worte auf dem Gedenkbildchen für Toni vom Hl. Hieronymus, das die Familie ausgesucht hat.

Mit warmen Tränen lauschte ich bei einer meiner vielen Vortragsfahrten meiner allerliebsten Freundin Marial, die mich begleitete, als sie mir eines Tages vom Tod ihres Vaters erzählte. Für mich, als moderner Stadtmensch herangewachsen, war ihre Kindheit abenteuerlich: Aufgewachsen auf einem kleinen Bauernhof hoch oben auf dem Berg in Südtirol, verloren sie, ihre Mutter und die zwölfköpfige Familie, davon acht minderjährige Kinder, ihren Vater durch einen Unfall an der Seilbahn. Was für ein Schock, ihre Mama plötzlich als Witwe ganz alleine mit der Riesenschar Kinder! Marial war damals gerade vierzehn Jahre alt. Weil es mich so tief berührte, lasse ich sie selber erzählen.

„Es war Sonntag geworden. Die ganze Familie war früh zu Fuß zum Gottesdienst ins Dorf gegangen. Wir brauchten eine Stunde bis zur Kirche. Da inzwischen das ganze Dorf wusste, dass ein Unglück passiert war, war die Kirche randvoll, und die meisten blieben auch beim anschließenden Gebet für meinen Vater da. Doch kaum hatte ich die Kirche verlassen, kam meine Mutter auf mich zu, um mir die traurige Mitteilung zu machen, dass mein Vater inzwischen gestorben war. Nach dem schweren Unfall und dem unendlich langen Weg bis zum Krankenhaus war mein Vater so geschwächt gewesen, dass er schon nach drei Tagen verstarb. Tränen rannen über meine Wangen, aber wirklich begreifen konnte ich das alles noch nicht. Meine Mutter bat mich schnell heimzugehen, um ein wenig die Stube aufzuräumen, denn niemand hatte damit gerechnet, dass dieses wohlige Stübchen, das Herzstück unseres Hauses, nun für drei Tage ein Totenzimmer würde. Inzwischen wurde mein toter Vater mit einem Rettungswagen wieder vom Krankenhaus an dieselbe Stelle gebracht, wo er als Schwerverletzter auf unserem Berg geborgen worden war. Freunde und Verwandte hatten gemeinsam mit meinen Brüdern eine Tragbahre gezimmert, um ihn abzuholen. Ein kleiner Trauerzug begleitete die Totenbahre mit der schweren Last des so plötzlich verstorbenen Familienvaters. Es wurde während des fast einstündigen Fußweges gebetet, sofern die Trauer nicht jedes Wort erstickte.

Ich war inzwischen daheim und wartete voller Angst auf dieses seltsame Geschehen, wo ein innigst geliebter Mensch, dein eigener Vater, nicht mehr grüßend und lachend, sondern tot in dein Zuhause kommt. Niemand kann diese Gefühle erahnen, der es nicht selbst erlebt hat. Und so stand ich da, zitternd und traurig, und wagte immer wieder einen Blick durchs Fenster, hinunter auf diesen Hügel, wo jeden Moment die Wirklichkeit des Todes sichtbar werden würde, wenn die ersten Menschen, welche die Tragbahre auf ihren Schultern haben, auftauchen und dieses traurige Gerücht immer mehr Gestalt annimmt, näherkommt und zur Gewissheit wird, dass es wahr ist!

Als der Leichenzug angekommen war, betraten die Männer wortlos unser Haus mit der Totenbahre. Totenstille breitete sich in unserer sonst so lauten und gemütlichen Stube aus.

Ernste Gesichter, über deren Wangen so manche Träne rann, blickten mich mitleidsvoll an, und ich war total überfordert zu begreifen, was jetzt wirklich geschah.

Starr vor Entsetzen stand ich in der Stube und sehe heute noch meinen Vater auf der Ofenbank liegen, aber dann auch, wie meine Mutter meinen toten Vater liebevoll streichelte und ihm etwas zuflüsterte. Es waren wohl letzte Worte und Liebkosungen, und die Tränen tropften auf ein Gesicht, dessen Augen nie mehr lachen und uns ansehen würden. Die Mutter hielt ein paar warme, selbst gestrickte Wollsocken in der Hand und streifte diese über seine nackten Füße. Nie werde ich dieses sanfte Zeichen der Liebe vergessen. In ihren Augen sah ich die Sorge, dass Vater ja nicht frieren darf! Auf einmal war er für mich wieder unter uns. Komisch, aber in solchen Momenten des endgültigen Abschieds möchte jeder von uns noch alles geben, was noch möglich ist. Nun wurde unser Herzstück im Haus, die Stube, die sonst mit Kinderlachen, Spielen und Essen ausgefüllt war, drei Tage lang zu einem Ort der Trauer und des Gebetes. Die Vorhänge wurden entfernt und durch Trauervorhänge ersetzt. In die Ecke vom Herrgottswinkel wurden lange Holzbretter gelegt und mit weißen Tüchern bedeckt, dann wurde der Leichnam meines Vaters daraufgelegt und ganz zugedeckt, bis der Sarg fertig war. Rechts und links waren Blumen und Kerzen platziert. Vorne ein Tisch mit einem Kreuz, Kerzen, eine Schale mit Weihwasser und eine brennende Öllampe. So langsam versammelte sich die ganze Familie. Stumme Umarmungen, wortloses Nicken, traurig und fassungslos standen wir vor unserem toten Vater.

Auch wenn große Schicksalsschläge über eine Familie hereinbrechen, die Zeit bleibt nicht stehen. Die Arbeit im Haus und Hof musste erledigt werden, und immer blieb jemand in der Stube und hielt Totenwache. Zwei ältere Geschwister machten sich auf den Weg, die traurige Nachricht vom Tod unseres Vaters unseren Nachbarn, Verwandten und Bekannten zu überbringen. Unsere jahrhundertealte christliche Tradition hat es uns ermöglicht, uns drei Tage lang von unserem toten Vater zu verabschieden.

Von nah und fern kamen Leute, um uns zu trösten und

unserer Familie ihr Beileid zu bekunden, und am Abend wurde dann gemeinsam für den Verstorbenen gebetet.

Dieses Gebet am Abend in unserem Trauerhaus habe ich als etwas sehr ‚Heiliges‘ empfunden. Hunderte Menschen traten in stiller Ehrfurcht vor den Sarg und besprengten ihn mit Weihwasser. Nach dem Gebet durfte jeder, der wollte, sich ganz persönlich noch vom Verstorbenen verabschieden, dafür wurde entweder das Leinentuch weg oder der Sargdeckel abgedeckt. Dieses sich so tief innerlich Verabschiedenkönnen, war ein Geschenk in unserer Trauerarbeit, denke ich heute, und es half uns, die traurige Gewissheit besser, bewusster anzunehmen. Bei allem Schmerz, den wir damals empfunden haben, durften wir auch die Nähe und Hilfe unsagbar vieler Menschen erfahren. Wir konnten uns ohne Worte trösten, wir alle hatten den gleichen Schmerz, und dieser ließ uns noch mehr zusammenwachsen. Und viele Menschen bewundern unseren Zusammenhalt bis heute!"

Wie dankbar ich für dieses tiefe Zeugnis meiner Freundin bin! Und ich hoffe, sie schreibt noch ganz viele von ihren berührenden Erinnerungen nieder, dass sie nicht verloren gehen. Eine Ehre für mich, diese hier in meinem Buch veröffentlichen zu dürfen.

Ja, so kennen wir das einfach nicht mehr und sehen oft nur den kalten Sarg in einer kalten Friedhofskirche, meistens an kalten Tagen. Dort, wo Leben und Lebensereignisse gefeiert wurden, wo wir behütet waren, wo jeder Raum von unseren frohen und schweren Ereignissen erfüllt ist, da möchte man auch Abschied nehmen. Den meisten ist das aber nicht vergönnt, zu Hause zu sterben. Die große Mehrzahl stirbt in Kliniken und Heimen, und weil in der modernen Gesellschaft die Medizin solche Fortschritte gemacht hat, leben Erkrankte auch viel länger, als es früher der Fall war, und viele werden auch nicht mehr von ihren Angehörigen selbst gepflegt, weil sie überfordert sind. Welche Wohltat, dass es immer mehr Hospize und Palliativstationen gibt. Welch ein Segen, dass Patienten würdevoll und liebevoll und schmerzfrei begleitet werden. Der lateinische Begriff „pallium" ist so angemessen: Die Kranken und Sterbenden werden „ummäntelt". Alleine das nimmt mir die Angst. Wer die Arbeit der „Engel" auf solchen Stationen erlebt hat und wie liebevoll dort Ärzte, Schwestern und Ehrenamtliche die Kranken in aller Bedürftigkeit begleiten, ist für mich die größte Errungenschaft der Menschlichkeit.

Schon als junge Ordensschwester durfte ich bei vielen alten Mitschwestern beim Sterben dabei sein. Außergewöhnlich unvergessen bleibt mir eine liebe kleine Mitschwester, die im Laufe der Jahre durch ihre Verkrüppelung am Hals ihren Kopf fast auf der rechten Schulter trug. Als sie bettlägerig wurde, kannten wir sie nur so, immer schaute sie auf die rechte Seite. Eine lebenslustige, fröhliche Schwester, die selbst in ihrer Krankheit uns Mut machte. Als wir eines Tages in den Morgenstunden zusammengerufen wurden, erfuhren wir, dass sie in der Nacht gestorben sei, und als wir ihr Krankenzimmer betraten, konnte ich es nicht fassen. Sie lag aufrechten Hauptes in ihrem Bett. Wow. Diesen Anblick vergesse ich nie wieder. Das war für mich Erlösung. Auferstehung. Ihre ruhigen Gesichtszüge waren unbeschreiblich, als würde sie uns allen sagen wollen: „Macht euch keine Sorgen. Alles wird gut!"

So durfte auch mein treuer Begleiter und Pfarrer Franz das Sterben seines geliebten Vaters erleben. Er hielt ihn im Arm und betete, als sie merkten, es geht zu Ende. Obwohl geschwächt, richtete sich sein Vater plötzlich auf, als würde er etwas Wunderbarem entgegengehen, und hauchte den letzten Atem aus. Wunderbar.

Reich an diesen persönlichen Berichten und dem ganz persönlichen Erleben einer Nahtoderfahrung, betrachte ich die Sorge des eigenen Sterbens mit einer friedvollen Gelassenheit. Durch den befreienden Umgang mit unseren Toten kann ich auch meine eigene Angst überwinden. Ich weiß mich getragen. Getragen im Glauben und von unseren Gebeten. Ich lebe auf etwas zu, für das es keine Worte gibt. Die Angst vor dem Tod hat für uns als gläubige Christen nur noch einen schlechten Ruf. Wir leben aus einer anderen Gewissheit und einer unauslöschlichen Zuversicht: Wir sind erlöst durch Jesus Christus. Er hat den Tod besiegt, durch seine Auferstehung. Er nimmt uns im Sterben hinein in sein neues Leben. „Es wird uns nicht etwas genommen, sondern es wird verwandelt", so heißt es in der Liturgie für Verstorbene. Auf diese Verwandlung freue ich mich.

Natürlich kann ich nicht so in den Himmel hineinschlupfen. Könnte die Heiligkeit und Herrlichkeit doch gar nicht ertragen in meiner begrenzten, sündigen und menschlichen Unvollkommenheit. Ich werde verwandelt in eine neue Schöpfung und voller Liebe und Reinheit sein. Die tiefste Liedstrophe meines Lieblingsliedes „So stelle ich mir den Himmel vor" heißt:

„Eigentlich hab ich hier nichts verloren.
Hier, wo alle so vollkommen sind.
Doch ich hör die Stimme meines Retters:
Du bist Gottes heiß geliebtes Kind."

Ich vertraue meinem Jesus. „So habt auch ihr jetzt Trauer, aber ich werde euch wiedersehen; dann wird euer Herz sich freuen und niemand nimmt euch eure Freude" (Joh 16,22).

Natürlich haben wir Menschen große Sorge und Angst vor dem Tod, weil wir nicht wissen, was uns erwartet. Wir fürchten uns vor jeder Krankheit und Schmerzen. Wir haben Angst, am Ende dement zu sein und nicht zu wissen, was wir tun. Wir haben Angst, von geliebten Menschen verlassen zu werden und alleine zu bleiben. Wir haben Angst, für unsere

Sünden ins Gericht zu kommen oder gar in die Hölle. Wir haben Angst. Alle Menschen haben Angst. Das ist wohl wahr. Aber unsere Ängste und Sorgen haben einen tapferen Gegner: unseren Gott.

Als ich einmal gefragt wurde, was ich mache, wenn ich im Himmel bin, antwortete ich spontan: „Ich werde drei Jahrhunderte beim lieben Gott auf dem Schoß sitzen und ihn knuddeln!" Dann werde ich zurückschauen und sehen, wie viele Steine er mir auf meinem Lebensweg weggeräumt hat. Wie viel Mist ich gemacht habe. Wie wenig ich geliebt habe. Ich werde darüber Rotz und Wasser heulen und er wird dann sagen: „Is ja alles gut." Dann wird alles gut sein.

Ich will so sterben, wie ich gelebt habe. Lebensfroh und närrisch glücklich. Ich möchte, dass mein Tod ein unvergessenes Fest wird für die anderen. Das größte Geschenk ihres Beileides wäre, wenn es eine Party gibt. Wo das Osterhalleluja auch in der Fastenzeit gesungen wird, weil ich es geschafft habe. Wo Champagner getrunken wird, gut gegessen und getanzt wird. Habe ja genügend Rezepte hinterlassen! Ich wünschte mir, jeder würde an diesem Tag einen anderen mit einem Lächeln, einem Kuss, einer liebenden Geste und einem liebenden Wort glücklich machen. Ich wünschte, jeder würde an diesem Tag ein hungerndes oder krankes Kind oder einen einsamen, alten Menschen beglücken. Das wollte ich mein ganzes Leben: andere glücklich machen.

Ich wünschte mir, alle Trauernden würden einen heilsamen Trost erleben. Ich leide mit so vielen Freundinnen, die ihr Kind verloren haben. Ich würde ihnen so gerne zurufen: „Stell dir mal vor, es wäre umgekehrt! Du wärst gestorben, aber dein Kind würde leben. Was würdest du ihm aus dem Himmel sagen wollen? Würdest du nicht eindringlich bitten, aufzuhören zu weinen? Wenn man jemand liebt, will man, dass der andere glücklich ist. Wer kann im Paradies glücklich sein, wenn sein Liebstes unglücklich wäre? Würden wir ihnen nicht zurufen: Lebe! Liebe viel. Umarme die Welt! Wir sehen uns wieder. Versuche eine Stunde, einen halben Tag lang wieder lebendig zu sein!"

Wenn ich gestorben bin, habe ich nur den Wohnsitz geändert. Weil ich zu meinem lieben Gott komme, meinem über alles geliebten Jesus. Als tapferer Feigling trete ich an die letzte Stufe meines Lebens. Ich wünschte mir bis dahin, mich mit allen und allem versöhnt zu haben. Jeder Tag bietet Zeit, noch etwas in Ordnung zu bringen. Ich möchte auch dann noch Mut haben, sollte eine Krankheit meine Tage schwerer machen. Ich wünschte mir, alle könnten mir meine Dummheiten oder meine Fehler verzeihen, denn das werde ich auf jeden Fall tun: allen verzeihen. Es ist so menschlich zu versagen, aber wir haben von Gott gelernt: Es ist göttlich, zu verzeihen und Vergebung anzunehmen.

Ich wünschte mir, wir würden vor lauter Angst zu sterben nicht aufhören, in Zuversicht zu leben.

Wenn ich gehen muss,
will ich fröhlich gehen.
Ich habe leben dürfen.

Wenn ich gehen muss,
will ich bereit sein.
Ich warte auf das Abenteuer des Himmels.

Wenn ich gehen muss,
will ich versöhnt gehen.
Ich will niemandem das Erbarmen schuldig bleiben.

Wenn ich gehen muss,
will ich demütig gehen.
Ich habe so viel Gnade empfangen.

Wenn ich gehen muss,
will ich angstfrei gehen.
Ich weiß, ich gehe zu einem Liebenden.

Wenn ich gehen muss,
will ich Seine Liebe hinterlassen.
Ich weiß, die Welt braucht jede Menge Zärtlichkeit.

# 10. Gut für sich „sorgen"

*Lebe – lache – liebe dich frei!*

So langsam mache ich mir Sorgen um Sie! Ja, ja, Sie haben richtig gehört. Ich sorge mich – ob Sie auch gut für sich selbst sorgen? Wir lassen mal die Welt da draußen sich ruhig weiterdrehen. Jetzt geht's mal um niemand anderen als um Sie! Heute schon geschwänzt – vom Sorgenraster? Urlaub in Gedanken gemacht – von dem, was Sie belastet? Sich etwas Schönes gegönnt?

Natürlich haben wir gelernt, uns erst einmal … um andere zu kümmern. Aber das machen Sie und ich doch sowieso den ganzen Tag. Was halten Sie davon, sich zu erlauben, heute mal freundlich auf sich selbst zu schauen?

Es ist kein Geheimnis: Wer sich selbst nicht liebt, wird sich schwertun, andere zu lieben. Wer nicht mit sich selbst gut umgehen kann, hat bei anderen auch Schwierigkeiten. Ich glaube sogar, wenn wir uns selbst nichts gönnen, gönnen wir anderen auch nichts. „Liebe deinen Nächsten wie dich selbst" – das ist ein wunderbares Wort Jesu. Die Eigenliebe ist also genauso wichtig wie die Nächstenliebe. Früher wurde Eigenliebe eher negativ verstanden und oft mit Egoismus verwechselt. Aber Liebe ist der Ursprung und die Grundlage unseres Lebens. Uns selbst wertzuschätzen und sich wohlzufühlen in seiner Haut, gerne zu tun, was man tut, und sich kleine Pausen gönnen – das ist lebensnotwendig! Mein persönliches Motto seit vielen Jahren ist: Jeden Tag etwas Gutes für jemand anderen tun, aber auch jeden Tag etwas Gutes für sich selber tun!

Ich werde Sie in diesem Kapitel nicht mit Ratschlägen langweilen, die Sie oft genug gehört und gelesen haben. Ich traue Ihnen wirklich zu, Ihr Leben im Griff zu haben und genau zu wissen, was Ihnen guttut. Sie wissen ganz genau, ob Sie mehr Bewegung brauchen, Abstand von einigen energiefressenden Menschen suchen müssen oder sich mehr Pausen gönnen sollten.

Und auch wenn wir das wissen … heißt das noch lange nicht, dass wir dafür bereit sind oder die Kraft aufbringen, Dinge in unserem Leben zu verändern. Kennen Sie das?

Und was uns da am wenigsten guttut, sind kluge Besserwisser.

Ich liebe Menschen, die mich akzeptieren, wie ich bin, und wenn sie mir wirklich etwas Gutes wünschen, dann freuen sie sich mit mir über alles, worüber ich mich freue. Gönnen mir alles, was ich mir gönne, und wenn überhaupt, dürfen sie mich gerne fragen, was mir guttun würde. Ich habe darauf sicher eine Antwort! Wenn ich es über die Schwelle eines 50. Geburtstags geschafft habe, habe ich wohl das Recht, selbst zu entscheiden, wann ich ins Bett gehen will, wie viel Schlaf ich brauche oder was ich mir zumuten kann. Dass ich mir einiges zumute, ist wohl wahr, denn ich bin immer noch eine Mehrkämpferin, verliebt in Gott und die Menschen. Mein Leben ist mein Hobby – und das, seit Jesus Christus in mein Leben gekommen ist. Ich lebe schrecklich gerne, tue verrückte Dinge, um anderen Freude zu machen, und bin großzügig. Ich rechne nicht und verschwende mich gerne. Es ist meine Art. Nach dem Aufwachen früh gehört mein erster Gedanke meinem Gott – und ich freue mich auf die Überraschungen und manche Herausforderungen, die er für mich an diesem Tag bereithält, und täglich sage ich mir und IHM: „Heute wird der schönste Tag in meinem Leben!" Außer, ich werde aufgeregt geweckt, weil es irgendwo „brennt" und jemand mich telefonisch aus dem Schlaf herausreißt. Dann ist es eben der zweite Gedanke, aber damit beginne ich meinen Tag und natürlich mit dem Gebet. Auch wenn mir ein arbeitsreicher Tag mit vielen Kilometern Fahrt bevorsteht, überlege ich mir immer etwas, auf das ich mich freuen kann. Ich gebe zu, ich bin so eine „nimmermüde Schwester", wie eine Zeitung schrieb, eine „freudige Arbeiterin im Weinberg des Herrn". Aber nur, weil es mir so einen Spaß macht, Gott zu dienen. Ich nehme jeden Tag, so wie er kommt. Gott scheint auch sein Vergnügen an mir zu haben. Wir sind seit vielen Jahren ein ganz gutes Team. Er gibt den Ton an und das Pensum. Ich gehorche. Ganz einfach. Und mit unserem Pfarrer Franz als treuem Begleiter an meiner Seite und mit meiner großartigen Gefährtin Schwester Claudia, mit meiner hingebungsvollen Mutter, die mein Vorbild ist, meiner allerbesten Freundin, die Gott mir geschenkt hat, und mit vielen lieben Freundinnen und Freunden, die den Namen „Freunde" verdienen und mich einfach gerne haben, lässt es sich ganz gut leben. Ich möchte Sie in diesem letzten Kapitel gerne beschenken mit der einen oder anderen Entdeckung, die mir guttut und Ihnen vielleicht auch guttun könnte!

## *Lebe dankbar!*

Vieles in unserem Leben ist wunderschön. Lebe dankbar! Dankbar sein für alles, was wir haben oder erreicht haben, für alles, was wir überstanden haben, für alles, wo wir nicht aufgegeben haben. Für alles, wovor wir bewahrt wurden. Das tut gut.

Dankbar sein für die vielen Segnungen des Tages oder der Woche, des Lebens, die ich gerne „Zärtlichkeiten Gottes" nenne. Das können ganz kleine Freuden sein, wie ein Lächeln zur richtigen Stunde, wenn ich es brauchte. Liebe Worte, eine Karte, ein Anruf. Dankbar morgens aufstehen zu können, keinen Stau zu erleben, ein warmes Mittagessen. Alles kann eine Segnung sein und mich mächtig froh machen. Ich zähle gerne am Abend zehn Dinge auf, die heute schön waren. Es können dabei ganz kleine Zuwendungen gewesen sein. Probieren Sie es. Wenn Sie nicht auf zehn Dinge kommen, könnte es sein, dass Sie zu sehr schauen, was Sie alles nicht haben? Oder zu sehr über die negativen Dinge nachdenken?

Am Silvesterabend lieben wir eine Gesprächsrunde in unserer Gemeinschaft, wo jeder und jede sagen darf, was „das Schönste in diesem Jahr" war. Meine Güte, wir kommen dabei oft an kein Ende und sind hinterher einfach überwältigt dankbar. „Prüft alles, behaltet das Gute", sagt der Apostel Paulus. Vielleicht bin ich oft so sorglos glücklich, weil ich mich auf das Gute und Schöne in meinem Leben konzentriere und mich viel lieber an das Gute erinnere, das mir widerfahren ist, und die schweren, verletzenden Ereignisse irgendwann an Gott abgegeben und mich damit versöhnt habe. Ich werde manche Menschen wohl bis zu meinem Tode nicht verstehen, auch manche ihrer Worte oder Taten gegen mich oder gegen andere. Aber das muss ich doch auch nicht! Es ist vorbei und ich lebe, lebe mich mit jedem Tag und Abstand davon frei.

Das wünsche ich Ihnen so sehr: jeden Tag das Geschenk eines liebenden, freundlichen Menschen, einer liebenden, freundlichen Begegnung, eines liebenden, freundlichen Augenblicks. An jedem Abend auch ein paar Glücksmomente, wenn Sie den Tag bedenken und Ihnen vielleicht ein Lächeln ins Kissen huscht. Ich wünsche Ihnen ein Leben, bei dem Sie bewusst leben und nicht nur „überleben" müssen. Ein dankbares Leben. Denken Sie daran, dass, wenn dieser Tag vorbei ist, er nie wiederkommt. Er ist weg aus unserem Leben. Und ist heute nicht schon wieder Sonntag, Montag, Dienstag oder Freitag?

In welchem Monat waren wir gerade noch? Wie schnell ist dieses Jahr vergangen? Bei meinen Vorträgen stelle ich manchmal provozierend fest, dass wir in Deutschland schon ein wenig verrückt sind: Älter wollen alle werden. Alt will keiner sein und sterben will sowieso keiner. Verstehe ich gar nicht! Will man das wirklich?! Stellen Sie sich mal vor, wir könnten fünfhundert Jahre alt werden. Fünfhundert Jahre lang Zähne putzen? Waschen, bügeln, ins Büro gehen?

Manche Leute ertragen – fünfhundert Jahre lang? Bleiben wir doch normal! Klar, in fünfhundert Jahren können wir die ganze Welt gesehen haben. Aber was wir in einem Menschenleben nicht an Zufriedenheit schaffen, schaffen wir auch nicht in fünfhundert Jahren!

## Lebe zufriedener!

„Wir müssen nicht alles haben, aber wir können immer das Beste aus allem machen", las ich in einem Kommentar. Bei manchen Menschen habe ich allerdings den Eindruck, dass sie selbst aus Gutem noch etwas Schlechtes machen können. Okay. Dann sollen sie. Ich will das Gute finden.

Ich will an jedem Abend meinen Frieden über diesem Tag wiederfinden. Ich will am Ende meines Lebens meinen Frieden haben. Mit mir selbst und mit den anderen. Mit Gott sowieso. Nach einem Vortrag in B. kam eine sehr alte Dame mit schillernd weißen Haaren zu mir. Sie wartete, bis alle gegangen waren. Sie trug einen Anzug und die Schuhe waren ihr viel zu groß. Sie bedankte sich für den Vortrag und dankte mir mit sehr einfühlsamen Worten für mein „Authentisch"-Sein. Sofort war ich von ihr in Bann gezogen. Sie erzählte, wie glücklich sie lebe, seit sie aufgehört habe, „immer Neues besitzen zu müssen". Sie liebte ihre Schuhe, die sie mit den

Schuhen von Charlie Chaplin verglich, und sie würde sich erst neue besorgen, sagte sie, wenn wirklich nichts mehr zu reparieren sei und ihre Zehen rausschauen würden. Ich staunte nicht schlecht über diesen durch und durch zufriedenen und sichtlich außergewöhnlichen Menschen. Noch mehr, als die alte Dame mir schilderte, dass sie lange obdachlos gelebt hatte. Sie brauchte nichts Materielles, um glücklich zu sein. Gerne hätte ich noch länger mit ihr gesprochen, aber da war sie schon wieder verschwunden. Beeindruckend! Den ganzen Tag verfolgte mich diese Frau in Gedanken … und ich überlegte mir, was ich wirklich brauchte, um zufrieden zu sein. Tatsächlich sind es nur ganz wenige Dinge!

Klar hat jeder Mensch unzufriedene Momente, aber ich wünsche uns allen, dass wir auch darin das Gute sehen können: nämlich diese Unzufriedenheit als Ansporn nutzen, etwas zum Positiven hin zu verändern.

Ich wünsche Ihnen mächtig viele friedvolle Tage und Momente, Ausgeglichenheit und Gelassenheit. Befrieden wir uns mit den Kampfplätzen in unserem Leben! Lassen wir uns vom Frieden Gottes beschenken, der größer ist als diese Welt. Machen wir uns frei von den vielen Abhängigkeiten, vor allem der Meinung anderer. Schenken wir Gott wieder neu unsere Zugehörigkeit, unser JA zu ihm, und lassen wir uns von vielem befreien. Das Markenzeichen des Heiligen Geistes ist „Frieden". Diesen atemberaubenden Odem wünsche ich Ihnen.

## Lache mehr!

Auch wenn ich mich hier wiederhole. Lachen Sie mehr und lachen Sie sich frei! Vieles ist es einfach nicht wert, dass wir deswegen den Kopf in den Sand stecken. Lachen entlastet und besänftigt.

Wenn wir lachen, werden siebzehn Muskeln innerhalb der Gesichtsregion und achtzig Muskeln in unserem Körper betätigt. Hammer, oder? Oh, ich wünsche Ihnen jeden Tag Lachtränen! Auch Humor. Apropos Humor: Fragt die Ehefrau ihren Gatten: „Was magst du mehr, meinen wunderschönen Körper oder meine überragende Intelligenz?" Er, nach kurzer Überlegung: „Eher deinen Sinn für Humor."

Ja, eine große Prise Humor würde uns allen gut stehen! Nicht, dass dadurch die Sorgen einfach verschwunden sind, aber wir haben mehr Lebenskraft und nehmen manche Sachen leichter.

Nichts ist schöner, befreiender, entspannender und gesünder.

Es fällt Ihnen schwer zu lachen? Klemmen Sie einen Bleistift zwischen die Zähne. Lach. Schon passiert. Wenn Sie, wie ich, einmal auf der Spur für ein gelasseneres und ausgeglicheneres Leben sind und mehr lachen möchten, finden Sie ständig Dinge, die fröhlich sind und fröhlich machen.


## Lachen lernen!


Der Kaffee ist übergeschwappt, der Bus Ihnen vor der Nase weggefahren, der Kollege schaut grimmig?

Sie haben nun zwei Möglichkeiten: Sie ärgern sich minutenlang über den Fleck, die Wartezeit, den Miesepeter! ... Hallo! Es geht auch anders. Was nicht zu ändern ist, ist nicht mehr zu ändern. Lächeln Sie den Fleck an. Hauptsache, Ihre Seele ist rein. Gönnen Sie sich ein Taxi – und genießen Sie die Fahrt! – und begnadigen Sie Ihren Kollegen in Ihren Gedanken. Wie oft haben Sie vielleicht schon unfreundlich durch die Gegend geschaut?!

DAS ALLES IST ES NICHT WERT
SICH AUFZUREGEN!

Sie tun es trotzdem? Okay. Ich erlaube es Ihnen. „Lachen lernen" braucht ebenso wie alles andere, was wir ändern wollen, Zeit! Sie bekommen sogar von mir die Erlaubnis, sich fünf Minuten lang zu ärgern und zu schimpfen. Aber dann ist gut. STOPP!

Für jedes Ärgern müssen Sie heute doppelt so lange lachen und mindestens drei Menschen freundlichst anlächeln. – Deal? Probieren Sie es. Sie können auf der Rückfahrt im Bus beginnen, einige anzulächeln. Oder im Stau oder in der Einkaufsschlange. Sie haben nichts zu verlieren, aber ich verspreche Ihnen, Sie werden Freude gewinnen!

## Liebe leidenschaftlich!

Manchmal habe ich das Gefühl, wir sind zu-wenig-Verliebte! Ja, Sie haben richtig gehört. Verliebte. Ich hoffe, Sie waren in Ihrem Leben schon einmal so richtig verliebt. Mit Schmetterlingen im Bauch. Wenn man verliebt ist, hat man Esprit und Dynamik. Man lässt sich verrückte Dinge einfallen.

Wenn man liebt, hat man Angst, den anderen könnte ein Regentropfen erschlagen. Ja, von so einer Liebe schreibe ich. Und falls Sie sich jetzt wundern, das in einem Buch von einer Ordensfrau zu lesen, wundern Sie sich ruhig weiter. Wenn ich nicht verliebt in Gott wäre, würde es auch dieses Buch nicht geben. Ich muss verrückt sein, was ich mir nebenbei noch alles zumute, als hätte ich nicht schon einen überfüllten Terminkalender. Wer lebt, rechnet nicht. Wer liebt, gibt. Ich verschenke wahnsinnig gerne liebevolle Worte. Auf Zettelchen, in Kommentaren, Nachrichten. Ich liebe es, andere zu überraschen. Plötzlich kommen Blumen an die Haustüre oder ein gasgefüllter Luftballon steigt mit einer Leine zum 5. Stock des Büros hoch. So zum Fenster des Büros, in dem meine Mama saß, als sie noch in der Sparkasse arbeitete. Oder pünktlich zu ihrem Geburtstag wurde ein Transparent ausgerollt und die Chefs dachten, jemand demonstriert. Nein, ich bekundete ihr und der ganzen Welt nur meine Liebe: „Happy Birthday, Mama!" Was ich auch immer aufschnappe von meinen Liebsten, meiner Gemeinschaft, meinem Umkreis, sofort bahnt sich eine kreative Idee an in meinem Köpfchen. Leidenschaftlich liebe ich auch meinen Gott. Von der ersten Stunde meines Glaubens an ihn. Ich schreibe IHM Liebesbriefe und komponiere Lieder voll Anbetung und Hingabe. Ich rede als eine Geliebte zum Geliebten. Zu meinem geliebten Gott. Aber ebenso liebe ich auch Menschen – und ihnen ein Kompliment zu machen ist für mich jeden Tag selbstverständlich, ob Kellner, mein Ford-Reifenhändler oder eine Schülerin, die neben mir in einem Sushi-Imbiss saß. Ich bezahlte ihr das Essen, weil ich sah, wie sie nachzählte, ob ihr das Geld reichen würde. „Kleiner Gruß vom lieben Gott", war meine Antwort auf ihr verdutztes Gesicht. Tja, aber mehr verrate ich nicht, damit meine Liebeszeichen ihren Wert behalten.

Unbemerkt oder unerwartet zu lieben ist lebenserfüllend. Das heißt nicht, dass mir alles zufällt. Auch ich bitte Gott immer wieder um eine neue Portion göttlicher, maßloser Liebe, wenn ich müde bin oder enttäuscht wurde. Wenn meine kleine Liebe nicht ausreicht und ich mir auch mal zu viele Sorgen mache oder den anderen am liebsten zum Mond schießen würde. Schöne Vorstellung! Und schon lache ich wieder.

Für leidenschaftlich Verliebte ist jeder Tag so kostbar, so unwiederbringlich wertvoll, so einmalig schwer und doch so schön. Ein Tag ist vielleicht für die meisten nur ein Tag. Für mich ist jeder Tag Gnade. Oder wie Fabian Vogt so schön in einem Lied singt: „Jeder Tag soll wie ein Fest sein, jedes Wort wie ein Gedicht, jeder Blick wie ein Freund, jedes Lied ein Geschenk."

## Liebe großzügig!

Stellen Sie sich vor, Gratulanten kündigen ihr Kommen zum Geburtstag an, und die Ehefrau stellt verschiedene Getränke hin. Der Mann lässt alles wieder abräumen. „Wasser genügt." Oder wie ein junger Mann meinte: „Was wollen Sie trinken, wir haben nur Wasser." Nein, nein, nicht, dass Sie denken, das wäre in einem Land passiert, wo Armut herrscht oder Wasser das kostbarste Gut ist. Das passiert in Deutschland, und ich muss kaum erwähnen, dass es sich um vermögende Menschen handelt. Sie werden ihre Gründe haben, die ich nicht durchschaue. Das muss ich weder verstehen noch länger darüber nachdenken. Diese Sorge ist nicht die meine. Ich möchte jeden Tag großzügig sein. Im Vertrauen auf meinen Gott. Indem ich IHM diesen Tag mit all seinen Sorgen anvertraue. Ich kann sie IHM großzügig abgeben. Samt der Mitmenschen, denen ich heute begegne und die ich beglücke, wenn ich es irgendwie kann.

Und ich will mit den Ärmsten teilen. Bei einem Abschlussabend eines meiner Glaubenskurse ließ ich alle Beteiligten ihr Portemonnaie herausholen. Dann bat ich alle, es dem Nachbarn oder der Nachbarin zu geben. „Keine Angst, wir sind hier alle Christen, Sie bekommen sie wieder." Alles lachte. „Wenn ich Sie jetzt bitte, eine Spende zu machen, wie großzügig wären Sie?" Der Saal bog sich vor Lachen. Gleich bekamen alle ihre Geldbörse zurück. Aber nach dem anschließenden Gottesdienst waren so viele Scheine wie noch nie im Spendenkörbchen. Klasse. Großzügig sein ist eine wunderbare Art, Liebe zu leben und auch auf andere Gedanken zu kommen. Wie gerne unterstützen wir, neben vielen anderen Projekten und mehreren Patenkindern, alte und hochbetagte Witwen in einem Projekt in Afrika. Wenn der Ehemann stirbt, gilt dort seine Frau als „Hexe" und wird aus dem Dorf verstoßen. Ohne irgendeinen Schutz oder finanzielle Zuwendung werden sie sich selbst überlassen. Wirklich die Ärmsten der Armen. Katholische Schwestern kümmern sich dort um sie. Unsere lieben Freunde Déborah Rosenkranz und ihr Vater Daniel haben sie auf ihren Reisen zu Hilfsprojekten entdeckt und bringen unsere Spenden direkt vor Ort. Ich könnte weinen vor Freude, wenn ich mir vorstelle, wie die Witwen in der nächsten Zeit gut versorgt werden, genügend zu essen haben oder wieder herzhaft lachen können. Vielleicht beten sie dann für mich, und ich bete für sie – einfach, weil wir durch Gott verbundene Frauen sind. Da möchte ich manchmal „Mäuschen sein" und das beobachten und darf es dann, wenn Daniel oder Déborah mit Tränen in den Augen berichten, wie die Menschen reagiert haben. Dann muss ich auch vor Freude weinen.

Immer wieder fällt mir dabei der Schluss vom beeindruckenden Film „Schindlers Liste" ein. Schindler wird bewusst, dass er noch mehr Juden im KZ hätte retten können, als die Überlebenden ihm einen Ring als Dank schenken mit der Inschrift: „Wer ein einziges Leben rettet, rettet die ganze Welt." Schindler sagt: „Ich hätte mehr Menschen rausbekommen können! Ich hätte mehr Menschen retten können. ... Ich habe so viel Geld zum Fenster rausgeworfen! Das können Sie sich nicht vorstellen ... Ich habe nicht genug getan. Diesen Wagen hätte ich verkaufen können – Göth hätte ihn mir abgekauft –, zehn Menschen hätte ich damit retten können." Er nimmt das Naziabzeichen von seiner Jacke. „Dieses Abzeichen. Es ist aus Gold. Zwei Menschenleben hätte ich retten können oder eines. Einen Menschen mehr." Er sinkt weinend zu Boden.

So ähnlich stelle ich mir das vor. Dass eines Tages, wenn Sie oder ich bei Gott sein werden, jemand auf Sie zukommt und sagt: „Weil du in der einen Woche zwei, fünf oder zehn Euro gespendet hast, habe ich überlebt. Ich habe Gott gesagt, ich will den Menschen sehen, der mich gerettet hat, und ihm persönlich danken."

Liebe großzügig! Im Geben. Im Danken. Im Tun. Jeder Tag bietet so viele Chancen, die Welt freundlicher zu machen!

## *Lebe – lache – liebe dich frei*
### *… und iss Nervenkekse!*

Das ist mein allergrößter Wunsch für Sie: Leben, lachen, lieben Sie sich von Ihren Sorgen frei! Zuerst einmal von all den unnötigen, selbsterdachten, belanglosen!

Lernen wir zu unterscheiden – und leben wir entschiedener!

Keine Sorge! ☺ Sie müssen keine heldenhaften Veränderungen oder Taten in Ihrem Alltag vollbringen. Von dieser Sorge möchte ich Sie wirklich befreien. „Sich frei leben" bedeutet nicht, dass Sie neue Dinge tun müssen. Es bedeutet, dass Sie die Dinge, die Sie bereits tun, weiterhin tun, aber auf eine neue Weise. Ich lade Sie ein, im Namen Jesu damit zu beginnen. Im Namen Jesu – neu frei leben.

Für mich hat das eine ganz neue Sicht auf die Dinge und Befreiung gebracht.

Was heißt das, „im Namen Jesu"? Zur Zeit Jesu diente ein Name nicht einfach dazu, jemanden zu rufen. Ein Name stand für die ganze Persönlichkeit, die Person, den Charakter. Und jetzt: leben – im Namen von Jesus.

Stellen Sie sich einfach vor, Sie leben einen ganz gewöhnlichen Tag mit all den Dingen, die Sie für gewöhnlich tun, aber diesmal – mit Jesus. In Übereinstimmung mit seinem Charakter, seinem ganzen Wesen. Sie gehen arbeiten, essen, schlafen … und Jesus ist immer an Ihrer Seite. Vielleicht wird das eine ganz neue Erfahrung für Sie. Vielleicht werden Sie anders Auto fahren oder andere Filme schauen. Oder oder. Ich verspreche Ihnen, dieser Tag wird anders. Sie werden bewusster leben in Gottes Gegenwart. Stellen Sie sich vor:

Im ganz alltäglichen Leben würden Sie Ihre Beziehung zu Gott vertiefen. Öfters mit IHM sprechen, mehr innehalten und eventuell auf manche Auseinandersetzung verzichten – oder erst recht unangenehme Dinge ansprechen. Mit IHM an Ihrer Seite würden Sie sich seltener alleine und unverstanden fühlen. Wenn ein Tag einmal zu schwer wird, halten Sie sich an IHM fest.

Wenn wir Christen werden oder als Christen leben, zieht Jesus in unser Leben ein. ER gibt uns Seine Kraft und, glauben Sie mir, nach einer Weile werden Sie süchtig danach. Mit IHM gemeinsam, in Zusammenarbeit mit IHM, dürfen wir leben und lieben und lachen.

Und eines würden wir sicher tun: einen neuen Umgang mit unseren Sorgen lernen. Jesus viel mehr, viel öfter und schneller die Sorgen übergeben. Von IHM Vertrauen lernen und mutiger werden. Wir würden sicher gelassener an Dinge herangehen und nicht jede Herausforderung als Drama betrachten.

Ich wünsche Ihnen diese Erfahrung Seiner liebenden Nähe. Die Erfahrung beschwingter Heiterkeit an trüben Tagen. Wünsche Ihnen beflügelte Entschlossenheit und dynamische Lebendigkeit für alles, was Sie noch vorhaben. Jeden Tag schwungvolle Energie, Ihr Päckchen zu tragen. Sie sind so kostbar für IHN! So einmalig. So unbezahlbar, teuer und geschätzt. Der Himmel ist verrückt nach Ihnen. Leben und gönnen Sie sich ein Leben mit dem liebenden Gott! Überlassen Sie IHM alles. Alles, was Ihnen zu schwer und zu mühsam und zu beschwerlich ist. Was Ihnen auch immer auf die Nerven geht, geben Sie es IHM innerlich ab.

Und weil Gott so voller Liebe ist, gab er uns nicht nur das

Lachen zur Aufmunterung, er vertraute auch einer seiner geliebten Töchter, Hildegard von Bingen, nicht nur das Heilwissen über zweitausend Heilmittel an, sondern auch ein ganz fantastisches Rezept für Nervenstärke. Es ist leicht herzustellen und hat eine unglaublich positive Wirkung auf unser Wohlbefinden – „Nervenkekse"!

# Nervenkekse

Sie brauchen
500 g Dinkelmehl,
250 g weiche Butter,
150 g Honig,
25 g Zimt,
10 g Muskat,
5 g Nelkenpulver und
2 Eier.

Durchhaken Sie alle Zutaten mit einer Teigkarte, dann schnell zu einem Teig verkneten und 30 Minuten im Kühlschrank kalt stellen.

Dick ausrollen, Plätzchen ausstechen und diese auf ein mit Backpapier ausgelegtes Blech geben.

Im vorgeheizten Backofen bei 190 °C − 200 °C (Unter-/Oberhitze) ca. 20 − 25 Minuten hell backen.

Hildegard empfiehlt 4–5 Kekse pro Tag. Die Kekse halten sich eigentlich wochenlang bzw. hielten sich so lange … wenn sie nicht so viele Liebhaber hätten. Ein echter Geheimtipp.

„Iss diese oft, und alle Bitternis deines Herzens und deiner Gedanken weiten sich. Dein Denken wird froh, deine Stimme rein, alle schlechten Säfte in dir minderer. Es gibt guten Saft deinem Blut und macht dich stark", rät die bekannte Universalgelehrte, Apothekerin und Bäckerin aus Leidenschaft.

Bitte sorgen Sie gut für sich − und tun Sie sich ebenso viel

Gutes, wie Sie es allen anderen tun! Und wenn jemand kritisch schaut oder eine unpassende Bemerkung macht, antworten Sie ihm lächelnd: „Gott, gib allen, die mich kennen, zehnmal mehr, als sie mir gönnen!"

Ich wünsche Ihnen ein strahlendes Lächeln und die Gewissheit, dass Gott es gut mit Ihnen meint. Er wartet auf Sie!

Und ich umarme Sie herzlich mit einem Augenzwinkern, wenn ich darf.

Bleiben Sie behütet!

Gut für sich sorgen!
Ruf ich dir zu.
Denk mal an dich,
und schenke dir Ruh!

Gut für sich sorgen!
Du bist es dir wert.
Auf sich zu schauen,
ist nie verkehrt.

Gut für sich sorgen!
Aus Liebe für dich.
Weil du einzigartig bist
und königlich.

Gut für sich sorgen!
Weil Gott es auch tut.
Unendlich dich liebt.
Dafür wünsch ich dir Mut.

# Quellen

Albrecht Gralle, Chefvisite – Die unerwartete Rückkehr des Auferstandenen
© 2017 Brendow Verlag, Moers

Lied „Vergiss es nie" (Du bist du), Originaltitel: I Got You, Text und Musik: Paul Janz, deutscher Text: Jürgen Werth, © 1976 New Spring Publishing Inc., für D, A, CH: Small Stone Media Germany GmbH

Lied „Du schaffst es", Text: Fabian Vogt, Rechte beim Autor

Lied „Unvergleichlich schön" (So stell ich mir den Himmel vor), Text: Christoph Zehendner, Musik: Albert Frey, © 2005 Auf den Punkt, Siegen

Dieses Buch ist auch als Hörbuch
– gesprochen von der Autorin – lieferbar:

MP3-CD, 3 Stunden Hörgenuss
ISBN 978-3-7655-8715-3

Teresa Zukic

## *Jetzt erst recht ... lebe, lache, liebe!*

Heilsame Gedanken
für schwierige Zeiten

Mit einem Vorwort
von Samuel Koch

Hardcover
144 Seiten
ISBN 978-3-7655-0764-9

Mit ihrem Buch „Lebe, lache, liebe" hat die bekannte Ordensschwester durch ihre Lebensfreude vielen Menschen Mut
gemacht.
In „Jetzt erst recht" nimmt Teresa Zukic den Faden ihres Best-
sellers wieder auf. Ein fröhliches Buch, das die schweren Seiten des Lebens nicht außer Acht lässt. Teresa Zukic berichtet
ehrlich von eigenen Grenzerfahrungen und schwierigen Zeiten. Und davon, wie der Glaube an Gott ihr Halt gab und sie
dadurch ihr Lächeln wiedergefunden hat.

Ein Buch für alle, die in schwierigen Zeiten nach Lichtblicken
suchen.

Sue und Larry Richards

## Alle Frauen der Bibel

Ihre Geschichte. Ihre Fragen.
Ihre Nöte. Ihre Stärke.

13. Auflage
Taschenbuch
352 Seiten
ISBN 978-3-7655-4273-2

Inklusive *Impulse für heute*
und *Bedeutung aller Namen von A-Z*

„Hier lese ich endlich, wie Frau-Sein aus biblischer Sicht
wirklich gedacht ist! Und Paulus habe ich mit diesem Buch
erst wirklich verstanden."

*J. R., Studentin*

„Frau-Sein und mit Gott leben – wie kann das heute aussehen?
Und wie sah es damals aus, für all die Frauen der Bibel: die
mit oder ohne Familie lebten, als Hausfrau, als Führerin eines
Volkes, als Mutter oder als Geschäftsfrau? Eins wird deutlich:
Gott macht Geschichte – mit Frauen und durch Frauen."

*Birgit Winterhoff,*
*Pfarrerin, Autorin, Sprecherin Morgenandachten im WDR*

Marie Chapian

## Du bist eine Königstochter

Liebesbriefe von deinem Gott

Taschenbuch
192 Seiten
ISBN 978-3-7655-4326-5

*Ruhige Momente finden
mit Gott, mit sich selbst … und auftanken:
bei der ersten oder zweiten Tasse Morgen-Kaffee,
vor dem Schlafengehen oder
am Lieblingspausenplatz.
Diese Schatzkiste mit Liebesbriefen Gottes
erinnert dich daran, wer du bist:
eine geliebte Tochter Gottes,
des Herrn über Himmel und Erde –
eine Königstochter!*

„Diese Liebesbriefe von Gott zaubern ein Lächeln in mein Herz … und ich gehe ‚aufrecht‘ durch den Tag … Bin ja eine Königstochter!"

*P. M., Leserin*